中國學術思想 研究輯刊

十二編

林慶彰 主編

第 28 冊

《法言》思想研究

田富美 著

花木蘭文化出版社

國家圖書館出版品預行編目資料

《法言》思想研究／田富美 著 — 初版 — 新北市：花木蘭文化
出版社，2011〔民100〕
目 2+152 面；19×26 公分
（中國學術思想研究輯刊 十二編：第 28 冊）
ISBN：978-986-254-669-7（精裝）
1. 法言　2. 研究考訂
030.8　　　　　　　　　　　　　　　　　100015936

ISBN-978-986-254-669-7

9 789862 546697

中國學術思想研究輯刊
十二編　第二八冊　　　　　　　　ISBN：978-986-254-669-7

《法言》思想研究

作　　者　田富美
主　　編　林慶彰
總 編 輯　杜潔祥
出　　版　花木蘭文化出版社
發 行 所　花木蘭文化出版社
發 行 人　高小娟
聯絡地址　新北市永和區中正路五九五號七樓
　　　　　電話：02-2923-1455 ／傳眞：02-2923-1452
網　　址　http://www.huamulan.tw 信箱 sut81518@gmail.com
印　　刷　普羅文化出版廣告事業
封面設計　劉開工作室
初　　版　2011 年 9 月
定　　價　十二編 55 冊（精裝）新台幣 90,000 元

《法言》思想研究

田富美　著

作者簡介

田富美，1971 年生於台北市。東吳大學中文系學士，國立政治大學中文研究所碩士、博士。現任銘傳大學應用中國文學系助理教授，專研荀學與清代學術思想。碩士論文為《法言思想研究》，博士論文為《清代荀子學研究》；另有〈論顧炎武「經學即理學」之意涵〉、〈續補元代藝文志研究述略〉、〈《古逸叢書》研究述略〉、〈常璩《華陽國志》研究述略〉、〈清儒心性論中潛藏的荀學理路〉、〈方東樹反乾嘉漢學之探析〉、〈焦循的論語詮釋〉、〈焦循對乾嘉漢學之評議〉、〈擇是而存——黃式三《論語後案》漢、宋兼采辨〉等單篇論文。

提　　要

　　揚雄撰寫《法言》一書，大抵以儒家倫理道德為主軸而展開，透過摹擬《論語》的問答形式論述其思想。本文首先探討揚雄寫作《法言》之動機，包括本身崇奉儒家思想、以及對於當時西漢學術的種種弊端、不滿諸子詭辭惑眾的情況，故而揚雄以傳承儒家正道、闢除異端為己任，欲以文章成名於後世。其次，論述《法言》對先秦以來學術之評論：其一為對先秦諸子之評論，除了全面否定法家、名家、縱橫家、兵家之外，較特別的是對於道家、陰陽家採取了部分肯定的態度，這應是受其師嚴君平的影響所致；其二為對西漢學術之評論，包括對於五經博士系統的造成繁瑣學風、庸俗化的批評，以及儒學性質摻入陰陽災異、讖緯之論的不滿，並就當時所盛行之文學——漢賦提出抨擊；其三是對歷史人物的評論，揚雄按其思想系統為品評的依據，只單就事件本身而論，因此呈現了與司馬遷《史記》相左的觀點；其四是藉由論古以批評王莽政權，這是揚雄對所處政局的反應。再次，則是探究《法言》之思想。揚雄承襲了先秦儒家思想，在道德、教育、政治思想等方面，不僅深化了《論語》意旨，同時潛藏了其個人的思想特點，如重視因時制宜，應變順時的主張，呈顯當時學術的變化之脈絡。最後，分析歷來學者對於《法言》一書的評價，指出《法言》在看似摹擬《論語》的形式之下，實深具反思時代學術之精神；並由反思的基礎上建立新的思想，昭示其時代價值。

目
次

第一章　緒　論

　　揚雄，字子雲，西漢末年思想家、文學家，生於漢宣帝甘露元年〔西元前53〕，卒於王莽天鳳五年〔西元18〕，年七十一歲。主要的著作爲《太玄》、《法言》、《方言》及若干辭賦。其中《太玄》與《法言》二書爲其學術思想之代表著作，本論文即爲《法言》一書思想之研究。

　　研究《法言》思想之前，必須先瞭解《法言》一書之形式。《法言》全書共十三篇，依序爲〈學行〉、〈吾子〉、〈修身〉、〈問道〉、〈問神〉、〈問明〉、〈寡見〉、〈五百〉、〈先知〉、〈重黎〉、〈淵騫〉、〈君子〉、〈孝至〉等篇，另有〈序目〉，敘述各篇之大旨。其內容之呈現則以條列陳述之形式，並擬《論語》以發端二字名篇，如〈學行〉篇之首言曰：「學行之上也。」〈修身〉篇之首句曰：「修身以爲弓。」〔註1〕又擬《論語》多以問答方式呈現其思想，如〈吾子〉篇曰：「或問：蒼蠅紅紫？曰：明視。」〈重黎〉篇曰：「或問交？曰：仁。問：餘、耳？曰：光初。」〔註2〕

第一節　研究動機與主旨

　　西漢時對學術產生重大影響的事情，包括：漢惠帝四年〔西元前191〕廢挾書之律，文帝時更設立了《韓詩》、《魯詩》博士，並詔求天下遺書，學術得以逐漸復甦。至武帝時，採納董仲舒「罷黜百家，表彰六經」之建議，於

〔註1〕漢‧揚雄撰，清‧汪榮寶疏，《法言義疏》（臺北：世界書局，1981年，以下書名簡稱《法言》），卷1，頁17；卷3，頁137。
〔註2〕揚雄，《法言》，卷2，頁90；卷10，頁582。

建元五年（西元前138）設立五經博士；元朔五年（西元前125）採納公孫弘之奏請，爲博士置弟子員。至此，促使了儒學地位的穩固，經學的傳授得以確立下來。然另一方面，卻也隱含了日後學術之危機：將學術直接與利祿結合在一起，使得眞正爲學術而努力者少，爲謀得官祿者多，其所經營之學術品質，必將日益低落；再者，董仲舒又附會經義，倡陰陽五行與天人感應之說；同時儒生們爲了使經學與漢代的政治成爲學術風氣的主流，於是標榜以儒學爲中心的西漢學術思想，在受到自身體制之影響及外來異說附會之下，至西漢末年，已經與先秦時代的儒學有了相當的差異。

揚雄的《法言》，便是因應當時紛擾的學術情勢而作，其主要的目的，便是要將當時混雜於儒學中的諸多異說加以澄汰，回復孔、孟之原貌，並改變學術研究的不良風氣。他所採取的方法，首先就是提出嚴厲的批評，從這些評評的內容中探討其評論所反映出之思想爲何，以及其批評是否能確切的指出當時學術之弊，是否對東漢思想家有所影響，此爲本論文研究動機之一。

其次，據《漢書‧揚雄傳》可知，《法言》乃是「象《論語》而作」，揚雄亦自比於孟子（見《法言‧吾子》），然檢視《法言》一書之思想，是否能完全掌握孔孟思想？對於儒學是否能做系統性的發揮？若答案爲肯定的，則將進一步探究它對先秦儒學之傳承；若答案爲否定的，那麼其問題所在爲何？此爲本論文研究動機之二。

另外，歷代對揚雄之評價相當分歧，有的褒揚，有的貶抑，可說是南轅北轍。在這些評論中或多或少加上了對揚雄仕宦二朝等的操守評論。至於在《法言》一書的觀點上，則鮮少有完整之評價。因此本論文將嘗試立足於兩漢之際這一學術史的基點上，探究其時代意義，並予以客觀的評價，此爲本論文研究動機之三。

第二節　文獻檢討

過去學者對揚雄之研究著述不少，但深入探討《法言》一書之思想者卻不多。

在思想史的相關書籍中，提及揚雄及其《法言》一書者，如林尹先生《中國學術思想大綱》、馮友蘭先生《中國哲學史》與《中國哲學史新編》、韋政

通先生《中國思想史》、勞思光先生《新編中國哲學史》、大陸學者任繼愈先生《中國哲學史》與《中國哲學發展史》、祝瑞開先生《兩漢思想史》、張國華先生《中國秦漢思想史》等，其介紹皆嫌簡略，甚至以為揚雄之書「雜亂空虛，至為可笑」〔註3〕者。其中較具參考價值者為徐復觀先生《兩漢思想史》中〈揚雄論究〉乙文，在此論文中論及《法言》一書，並從《法言》形式結構上，及揚雄的人性論、教育思想、對孔子的把握、歷史人物的批評等，做了一番論述，但對於《法言》思想仍未有全面性的研究。

在專書方面，則有陳福濱先生《揚雄》及大陸學者黃開國先生《一位玄靜的倫理大師——揚雄思想初探》、以及藍秀隆先生《揚子法言研究》〔註4〕等書。前二本書乃就揚雄整體思想而論，其書中所論及內容皆包括《法言》及《太玄》二書之思想，故在論述過程中，往往融合二書而論，於《法言》思想之探究上，不免有掛漏之處。唯一專論揚雄《法言》者，應為藍秀隆先生《揚子法言研究》，此書詳細地考述了揚雄生平及《法言》版本等問題，至於在《法言》思想分析上，則僅分類羅列，至於進一步研析則相對是較缺乏的。

在學位論文方面，有臺大哲學研究所石啓瑤所著碩士論文《揚雄的實踐哲學》，其所論著重於政治、教育思想及修養論上；師大國文研究所李周龍所著博士論文《揚雄學案》，其論及《法言》思想之部分，著重在文句意義之詮釋；政大中文研究所許時珍所著碩士論文《揚雄、桓譚的反讖緯神道思想》，其研究範圍僅止於揚雄的反讖緯思想；政大中文研究所簡師宗梧所著《司馬相如揚雄及其賦之研究》，主要是研究揚雄的文學創作部分，與其學術思想較無相關。

在期刊論文方面，專論《法言》學術思想相關者並不多，如李鍌先生所著〈揚雄的儒家思想〉、〈法言學術思想之體系〉及收錄於《中國歷代思想家》之〈揚雄〉，劉菁菁先生〈揚雄及其法言思想〉等文。在《法言》思想上的論述，可能受限於篇幅，大都僅就文句語意上加以論述，故仍有許多不周全之處。

因此，從過去相關研究中，即可發現在《法言》的研究上，尚未有全面性的深入研究。本論文即嘗試對《法言》之內容作一系統之分析，藉以探究其思想，並論究其在兩漢思想史中之定位。

〔註3〕勞思光，《新編中國哲學史》（臺北：三民書局，1990年），頁114。
〔註4〕此書原為1972年政治大學中國文學研究所碩士論文。

第三節 研究範圍、方法及大綱

一、研究範圍

本論文之研究範圍，主要乃針對揚雄著作《法言》一書之思想，包括《法言》寫作動機、《法言》對先秦以來學術的批評，以及其所欲建立之思想體系，並討論《法言》是否能完全掌握儒學精神等問題，最後予以《法言》客觀之評價。

據李周龍及藍秀隆先生之研究，可知《法言》之歷代版本中，以清人汪榮寶之《法言義疏》最爲詳博〔註5〕，其書收有晉人李軌、宋人司馬光等人之注，並加以讎對，故本論文以汪氏《法言義疏》爲研究之原典，並以清人俞樾《諸子平議》、近人于省吾〈法言新證〉、陶慶鴻《讀諸子札記》爲輔。

基於過去學者以揚雄爲研究課題時，對於其生平、及《法言》之歷代著錄、版本及考證，均有頗詳盡之介紹，爲避免重覆，本論文不另外贅述揚雄之生平及《法言》之傳本等問題。

二、研究方法

本論文研究方法，可分成兩方面來說：首先在探究本題部分，則據原典進行通盤考察，予以分類及歸納，同時注意分類後相互的聯繫，進而對分析之資料加以闡釋或佐證論點，使《法言》思想得以清楚呈現；其次，在探討相關的外圍問題上，則配合歷史的脈絡，由上進行溯源，由下則探究其影響，藉此彰顯《法言》一書在兩漢思想史上所佔有之地位。

三、論文大綱

本論文共計分爲六章。略述如下：

第一章：緒論

簡述研究動機、範圍、方法及論文大綱。

第二章：《法言》寫作動機

將揚雄創作《法言》之動機分爲內在動機與外在動機二方面來探討，藉以瞭解其時代背景、學術等概況。

〔註 5〕藍秀隆，《揚子法言研究》（臺北：文津出版社，1989 年）；李周龍，《揚雄學案》，臺灣師範大學國文研究所博士論文（1979 年 5 月）。

第三章：《法言》對先秦以來學術之評論

　　透過《法言》內容之分析，歸納出揚雄對當時的學術，以及他諸子學說之觀點；同時揚雄對先秦、秦、漢歷史人物之評論，實有異於太史公之《史記》；另外，揚雄亦藉由《法言》諷刺了王莽之政權，表達他對時政的不滿。從這評論的分析中，呈現了《法言》中特有的批評精神。

第四章：《法言》之思想

　　《法言》的內容大致可分成兩大部分，一為評論先秦以來之學術，一為恢復儒家宗經徵聖之正統學術。後者即為本章論述之重點。從揚雄的道德思想、教育思想、政治思想等各方面來分析，以凸顯《法言》思想之特色。

第五章：《法言》思想之時代意義

　　由於《法言》是擬《論語》而作，除形式外，在思想上揚雄亦力求闡揚孔子思想，故本章重點在於檢視《法言》思想對儒學之發揚，除分析其對孔孟思想的瞭解與掌握之外，亦討論《法言》在傳承儒家思想上的貢獻；同時，分析《法言》思想中出現與孔、孟思想有所出入的地方，探究問題之所在。

第六章：結論

　　綜合論述各章研究之成果，並嘗試對於歷代學者評價《法言》之論述作一評斷。此外，亦立足於兩漢之際這一歷史基點上，予《法言》以應有之定位。

第二章 《法言》寫作動機

　　根據《漢書・揚雄傳》記載，揚雄在《法言》成書後，並無其它著述活動，則《法言》應為揚雄晚年之作無疑。至於詳細的時間，歷來說法並不相同，大致可分成兩派：一派認為《法言》成書於王莽簒漢之後，如李鍌先生引晉人李軌《揚子法言注》、近人汪榮寶《法言義疏》二書所論，並從《法言》內容推斷，認為此書之成，在王莽稱帝，即天鳳改元（西元 8 年）之後〔註1〕；徐復觀先生則認為揚雄寫作《法言》的時間，約在漢平帝元治元年（西元 1 年）前後，並完成於新莽始建國二年（西元 10 年）〔註2〕；藍秀隆先生所撰《揚子法言研究》一書，則是將揚雄撰《法言》之事繫於其所附年譜新莽始建國元年〔註3〕。以上學者雖然在論斷《法言》成書年代各有不同，但卻都肯定其必在新莽立國之後。另一派則認為《法言》成書於王莽尚未代漢之前，如黃開國先生〔註4〕及張岱年先生。〔註5〕

　　探究這兩派說法不同的主要原因，乃是由於《法言・孝至》中有一段引發許多爭議的文字：

　　　　周公以來，未有漢公之懿也。〔註6〕

李軌注云：「漢公，王莽也。」〔註7〕王莽於漢平帝元始元年（西元 1 年）號

〔註1〕李鍌，〈揚雄人格平議〉，《國文學報》，第 2 期（1973 年 4 月），頁 185〜194。
〔註2〕徐復觀，《兩漢思想史（卷二）》（臺北：臺灣學生書局，1993 年），頁 501。
〔註3〕藍秀隆，《揚子法言研究》（臺北：文津出版社，1989 年），頁 13。
〔註4〕黃開國，《揚雄思想初探》（四川：巴蜀書社，1989 年），頁 25。
〔註5〕張岱年，〈揚雄評傳〉，《中國哲學史研究》，第 3 期（1984 年），頁 6〜22。
〔註6〕漢・揚雄撰，清・汪榮寶疏，《法言義疏》（臺北：世界書局，1981 年，以下書名簡稱《法言》），卷 13，頁 823。
〔註7〕漢・揚雄撰，晉・李軌注，《揚子法言》（臺北：世界書局，1955 年），頁 43。

日安漢公。因此黃開國及張岱年先生認為,揚雄《法言》中既稱王莽為安漢公,故其成書必在王莽稱帝之前。然另一派學者則以《法言》內容中有許多刺莽之辭及追嘆漢德之言來推論,其作《法言》之時,已見王莽篡漢。如李鋈先生所言:

> 俞曲園《諸子平議》云:「〈重黎〉一篇,雖論古人,實寓時事。上文或問:『趙世多神,何也?』曰:『神怪茫茫,若存若亡,聖人曼云。』此刺莽之以符命自立也。下文論韓信鯨布云:『忠不終而躬逆,焉攸令?』亦刺莽始以誅淳于長,及徹在定陶太后坐,獲忠直名,而後乃躬為大逆也。」是則揚雄作《法言》之時已見莽之篡漢矣。且此文又居《法言》之末,上文言「漢德其可謂允懷矣,世鮮焉。」稱漢德而曰「世鮮焉」,明是莽篡以後追嘆之語氣。〔註8〕

從《法言》一書內容來看,確實有不少譏諷王莽篡位之語,故在《法言》最後的〈孝至〉篇中,用其居攝前之稱——「漢公」以譏諷其篡逆,否定其政權,在文意上乃是前後相符合的。因此,若以文中「漢公」一詞來論定《法言》成書於王莽篡漢之前,似乎證據稍嫌不足。故本論文認為,《法言》成書時間在王莽篡漢之後的可能性較高。

在初步瞭解《法言》成書時間後,便可進一步探究《法言》寫作之動機。本章將《法言》寫作動機分成兩方面來探討:內在動機,即從揚雄本身學術思想來討論。外在動機,則從當時學術環境上分析,期藉由瞭解《法言》寫作動機,以利更明確地掌握《法言》內容及意涵。

第一節　內在動機

一、崇奉儒家思想

揚雄學術思想的形成,受到師長的影響很深。據揚雄〈答劉歆書〉中所言,其少年時期曾受嚴尊(君平)、林閭(翁孺)二人之學:

> 雄少不師章句,亦於五經之訓所不解,嘗聞先代輶軒之使奏籍之書,皆藏於周秦之室。及其破也,遺棄無見之者。獨蜀人有嚴君平、臨邛林閭翁孺者,深好訓詁,猶見輶軒之使所奉言。翁孺與雄,外家牽連之親;又君平過誤,有以私遇,少而與雄也。君平才有千言耳,

---

〔註8〕 同註1。

翁孺梗概之法略有。〔註9〕

林閭（翁孺）善於古學，促使了揚雄作《方言》一書。

> 林閭，字翁孺，臨邛人也，善古學。古者天子有輶車之使，自漢興
> 以來，劉向之徒，但聞其官，不詳其職，惟閭與嚴君平知之，曰：「此
> 使考八方之風雅，通九州之異同，主海內之音韻，使人主居高堂，
> 知天下風俗也。」揚雄聞而師之，因此作《方言》。閭隱遯，世莫聞
> 也。〔註10〕

至於嚴君平，對揚雄的影響更為深刻。《法言‧問明》極為推崇他那種安貧樂道的情操：

> 蜀莊沈冥，蜀莊之才之珍也。不作苟見，不治苟得，久幽而不改其
> 操，雖隨、和何以加諸？舉茲以游（按：疑「稱」字之誤），不亦珍
> 乎！吾珍莊也，居難為也。〔註11〕

「蜀莊」即指四川人嚴君平。在此除了盛讚嚴君平才學為珍寶之外，更推尊其人品，不為企求顯耀之事，不做圖利於私人之行為，淡于勢利，即使長久處於不受朝廷重用的情況之下亦不改變情操，因此揚雄為嚴君平生不遇時感到惋惜。另外晉人常璩著《華陽國志》，列嚴君平於蜀郡士子首位，予以「恬泊、皓然、沉冥」的評價〔註12〕。班固〈王貢兩龔鮑傳〉則稱嚴君平為繼周初伯夷、叔齊，漢初商山四皓之後，具有同樣人品之賢者〔註13〕，足見嚴君平的才學與情操，在漢代及後世是受到肯定的。而《漢書‧揚雄傳》中揚雄自序其性為：

> 清靜亡為，少耆欲，不汲汲於富貴，不戚戚於貧賤，不修廉隅以徼
> 名當世。〔註14〕

這種安貧的人生態度，顯然是受到嚴君平的影響。

在思想上，嚴君平的學術思想雖以道家為主，著有《道家指歸》一書，然事實上亦有儒家思想：

〔註9〕轉引自張震澤校注，《揚雄集校注》（上海：上海古籍出版社，1993年10月）。
〔註10〕晉‧常璩，《華陽國志》（臺北：臺灣商務印書館，1976年），第10卷上，頁131。
〔註11〕揚雄，《法言》，卷6，頁305～306。
〔註12〕同註10。
〔註13〕漢‧班固，《漢書》（臺北：鼎文書局，1980年）。
〔註14〕同註13。

> 嚴遵（尊），字君平，成都人也。雅性澹泊，學業加妙，專精《大易》，
> 耽於老、莊。常卜筮於市，假蓍龜以教。與人子卜教以孝，與人弟
> 卜教以悌，與人臣卜教以忠。於是風移俗易，上下慈和。日閱得百
> 錢，則閉肆下簾，授老、莊。著《指歸》，爲道書之宗。揚雄少師之，
> 稱其德。〔註15〕

嚴尊精通於老、莊學說，「他在哲學和自然觀、人生觀上是主張老莊思想
的。」〔註16〕這對於揚雄《太玄》之作，應具有啓蒙作用。另一方面，嚴君
平在日常生活行爲上，主張爲人子弟者應以孝悌恭順爲依歸；爲人臣子者，
應以盡忠爲依歸，顯示他「在倫理上又堅持儒家的忠孝觀念，而不同于老莊
的非禮義、棄道德。」〔註17〕揚雄繼承了嚴君平的思想，在許多方面呈現了
儒家理念。

　　揚雄崇奉儒家理念，從各個方面來看，均有明顯的表現：據《漢書·揚
雄傳》所言，揚雄「自有大度，非聖哲之書不好也；非其意，雖富貴不事也。」
其中的「聖哲之書」雖未言明爲儒家經典，然從揚雄「以爲經莫大於《易》，
故作《太玄》；傳莫大於《論語》，作《法言》」〔註18〕的態度來看，其著作多
依儒家經典而作，表現出他崇奉儒家的精神。另外，揚雄在文學創作中，也
遵守儒家重視文學社會作用的精神。其所作著名的「四賦」：〈甘泉賦〉、〈河
東賦〉、〈校獵賦〉、〈長楊賦〉，創作的意向就在於諷諫，如：

> 正月，從上甘泉，還奏〈甘泉賦〉以風。〔註19〕

> 上〈河東賦〉以勸。〔註20〕

> 故聊因〈校獵賦〉以風。〔註21〕

> 上〈長楊賦〉，聊因筆墨之成文章，故藉翰林以爲主人，子墨爲客卿
> 以風。〔註22〕

這與當時另一位漢賦大家司馬相如最大的不同，就在於司馬相如作賦以諷的

〔註15〕同註 10。
〔註16〕同註 4，頁 9。
〔註17〕同註 4，頁 9。
〔註18〕同註 13。
〔註19〕同註 13。
〔註20〕同註 13。
〔註21〕同註 13。
〔註22〕同註 13。

用意，是他人從其作品的字裡行間中得出的結論，而揚雄則是在創作當時就說出了他創作的目的，是針對時君的某種行為而作的諷諫〔註 23〕。即使揚雄的創作動機在客觀上並沒有收到他所期望的效果，日後揚雄亦不再從事辭賦的創作，但其根深蒂固的儒家理念是不容置疑的。

揚雄尊孔崇經的思想，在其《法言》一書中，更是隨處可見，在尊孔方面，揚雄以孔子為萬事萬物之矩軌，如〈學行〉云：

> 天之道，不在仲尼乎？仲尼駕說者也，不在茲儒乎？如將復駕其所
> 說，則莫若使諸儒金口而木舌。〔註 24〕

在揚雄眼中，孔子的言語及行為即是天道，而儒者所傳孔子之道也就是天道，因此所有傳承孔子之道的儒者都應是金口木鐸。同時，孔子之道也是衡量典籍、言行的準則，所以若要闡揚儒學，必先以孔子為宗主，〈吾子〉篇曰：

> 山嶇之蹊，不可勝由矣；向牆之戶，不可勝入矣。曰：惡由入？曰：
> 孔氏。孔氏者，戶也。曰：子戶乎？曰：戶哉！戶哉！吾獨有不戶
> 者矣！〔註 25〕

汪氏疏曰：「山嶇之蹊，道之險阻而難行者；向牆之戶，戶之有所窒礙而不可通者，皆以喻諸子。」〔註 26〕對揚雄而言，諸子之學如同山嶇之蹊、向牆之戶般，是難以施行且不可通的，唯有孔子之學，如同自堂入室之戶，乃是學術的最高指標。

揚雄既推尊孔子，以儒者自居，對於儒家經籍自然也是相當尊崇，〈吾子〉曰：

> 人各是其所是，而非其所非，將誰使正之？曰：萬物紛錯則懸諸天，
> 眾言淆亂則折諸聖。或曰：惡覩乎聖而折諸？曰：在則人，亡則書，
> 其統一也。
>
> 好書而不要諸仲尼，書肆也；好說而不要諸仲尼，說鈴也。〔註 27〕

諸子學說不同，孰是孰非，必需以孔子之道做為評斷是非的標準。當孔子在

〔註 23〕鄭文，〈對揚雄生平與作品的探索〉，《文史》，第 24 輯（1985 年 4 月），頁 201
　　　～217。
〔註 24〕揚雄，《法言》，卷 1，頁 23～24。
〔註 25〕揚雄，《法言》，卷 2，頁 114。
〔註 26〕揚雄，《法言》，卷 2，頁 115。
〔註 27〕揚雄，《法言》，卷 2，頁 134、122。

世時，就以孔子爲準則；孔子去世後，就以經書爲標準。因此，喜好古籍及愛好言論者，若不以孔子爲標準，就只能算是賣書攤或像聲小而眾的說鈴般，是毫無意義的。

揚雄的學術思想，雖受啓蒙之師的影響，在儒家之外，亦雜揉了道家思想，但當他面對當時各家之學說時，揚雄選擇了以孔子之道來糾正這些「謬說」，而撰寫了《法言》一書，這種維護儒家精神的企圖，是非常明顯且具有深意的。

二、欲以文章成名於後世

據班固在〈揚雄傳〉中的贊語所論，揚雄作《法言》的動機是爲了企求其著作能夠流傳於後世，《漢書·揚雄傳》曰：

> （雄）實好古而樂道，其意欲求文章成名於後世，以爲經莫大於《易》，故作《太玄》；傳莫大於《論語》，作《法言》……用心於內，不求於外，於時人皆曶之。〔註28〕

這裡的「求文章成名於後世」，依儒家三不朽的精神層次「立德、立功、立言」來看，是屬於第三層次「立言」，而非最高之層次。又儒家思想的終極目標乃在於「治國」、「平天下」，揚雄雖服膺儒家思想，然而他並沒有以此爲最大目標，即使他亦關心政治問題、道德問題，「但他都是以知識人的態度去談，有點近於冷眼旁觀，而不將自己介入的去談」〔註29〕。探究揚雄這種人生態度形成之因，可從思想背景及時代背景兩方面來看。

在思想上，揚雄受少時之師嚴尊之影響，在他的思想中帶有老、莊澹然無爲的人生觀，能夠安時而處順。因此，當成帝時，揚雄奏〈羽獵賦〉而被授予黃門郎之職後，經歷成帝、哀帝崩逝，共二十多年不曾徙官；至王莽篡位，許多善於詐偽諂諛之人造作符命，稱頌王莽功德，在日後皆封爵晉級，而揚雄依舊不爲所動，自甘淡泊。

從時代背景上來看，揚雄生於漢宣帝甘露元年（西元前 53 年），至成帝建始元年（西元前 32 年）爲二十二歲，是他的少年時期；至平帝元始五年（西元 5 年）王莽毒死平帝，揚雄五十八歲。這其中經歷了宣帝、成帝、哀帝、平帝四朝。班固〈佞幸列傳〉云：

〔註28〕同註 13。
〔註29〕同註 2，頁 460。

漢世衰於元、成，壞於哀、平。〔註30〕

這是揚雄的主要生活時代，也正是西漢的衰亡之世。

西漢後期王朝根基受到嚴重的破壞：一方面是天災，如漢元帝時的饑荒和水災，《漢書・元帝紀》曰：

初元元年四月詔：「關東今年穀不登，民多困乏。」……九月，關東郡國十一大水，饑，或人相食，轉旁郡錢穀以相救。〔註31〕

再如《漢書・成帝紀》所載漢成帝時：

建始三年，秋，關內大水。九月，詔：「乃者郡國被水災，流殺人民，多至千數。」〔註32〕

這一連串的水患與饑荒，〈賈損之傳〉載此現象使得「民眾久困，連年流離，離其城郭，相枕席於道路」〔註33〕，造成了人民生活的困苦。另一方面是人禍，即貪官酷吏和豪強士族對人民的剝削與壓榨，用以換取驕奢無度的生活，如《漢書・哀帝紀》曰：

諸侯王、列侯、公主、吏二千石及富民多蓄奴婢，田宅無限。〔註34〕

又如《漢書・貢禹傳》曰：

諸侯妻妾或至數百人，豪富吏民畜歌者至數十人。〔註35〕

這種官僚豪奢的生活與人民的困苦生活，形成了鮮明的對照。同時，自成帝以來，朝政大權幾乎都落在外戚集團手上。從王鳳、王音、王根至王莽，都是由元帝皇后王氏而成為顯貴的外戚，正如同徐復觀先生所言：「漢室政治權力的核心，始終握在『婦人』的手上。當時為丞相或居高位的儒臣，實同於『婦人』政權的傀儡。自劉向起，大家窮力盡氣以爭得失的，主旨都是環繞著這種『婦人』問題，此外便無所謂國家大政。明堂辟雍，虛文緣飾，這真是兒戲之局。此時，天下表面太平，但有如一個龐大的軀體，缺少真正的骨幹去加以支持。」〔註36〕這段話對漢朝當時朝政概況的分析，是相當透徹的。

〔註30〕同註13。
〔註31〕同註13。
〔註32〕同註13。
〔註33〕同註13。
〔註34〕同註13。
〔註35〕同註13。
〔註36〕同註2，頁456。

　　在這樣衰壞的社會情勢之下，雖然有許多學者提出了激烈抨擊，但他們往往只局限於枝節、細小的問題上，如皇室的奢侈糜爛、宗廟祭祀等禮制的改革，或運用五行災祥來議論朝政，企圖以此來解決問題。如《漢書‧貢禹傳》所論：

> 方今齊三服官作工各數千人，一歲費數鉅萬。蜀廣漢主金銀器，歲各用五百萬。三工官官費五千萬，東西織室亦然。廄馬食粟將萬匹……天下之民所為大饑餓死者，是也。〔註37〕

貢禹在此指出人民生活貧困之因，是由於統治者窮奢極欲、荒淫糜爛之故，因此他建言希望漢元帝能改掉這種奢靡之風，《漢書‧貢禹傳》曰：

> 唯陛下深察古道，從其儉者，大減損乘輿服御器物，三分去二。
> 〔註38〕

這主要是規諫統治者能減少生活日用的花費，除此，貢禹亦曾上奏「欲罷郡國廟，定漢宗廟迭毀之禮」〔註39〕，以限制國家財務的浪費，這些建言雖頗中肯，然皆局限在細小枝節上，且為一紙空文，終無法施行。再如京氏《易》學者谷永曾對成帝建言，《漢書‧谷永傳》曰：

> 白氣起東方，賤人將興只表也；黃濁冒京師，王道微絕之應也。
> 〔註40〕

> 建始元年以來二十載間，群災大異，交錯鋒起，多於《春秋》所書。
> 八世著記，久不塞除，重以今年正月己亥朔日有食之，三朝之會，
> 四月丁酉四方眾星白晝流隕，七月辛末彗星橫天。乘三難之際會，
> 畜眾多之災異，因之以饑饉，接之以不贍。〔註41〕

這是谷永將天象、卦氣與社會政治之變革結合的說法。他認為自高祖以來至元帝所著記的災異未塞除，加上當時所出現的日蝕、白晝流隕及彗星，乃是造成社會各種天災人禍的主因，而君主的應對之道，據《漢書‧谷永傳》則為：

> 願陛下正君臣之義，無復與群小媟黷燕飲；中黃門後庭素驕慢不謹嘗以酒醉失臣禮者，悉出勿留。勤三綱之嚴，修後宮之正，抑遠驕

〔註37〕同註13。
〔註38〕同註13。
〔註39〕同註13。
〔註40〕同註13。
〔註41〕同註13。

　　妒之寵，崇近婉順之行，加惠失志之人，懷柔怨恨之心。〔註42〕
谷永將天下安危禍福，繫於君主個人身上，要求君主必需端正自己的言行。
雖這些建言具有一定的意義，但亦不能擺脫西漢王朝衰亡的危機，也無法改
變國祚危亡的命運。

　　揚雄雖任官於朝廷，但由於自甘淡泊，使得他的官位僅止於黃門郎，並
無太大的職權，既無力挽救當時的天災人禍，也不能扭轉當時外戚專權的局
勢，對於朝中盛行的天命之說，更是嚴加批評。在這樣的時代背景之下，自
然使他疏離了現實政治，轉而致力於智識的追求，並以撰寫之著作能夠流傳
後世為目標。王充有言曰：

　　司馬長卿不預公卿之事，故能作〈子虛〉之賦，楊子雲存中郎之官，
　　故能成《太玄經》、就《法言》。使孔子得王，《春秋》不作，長卿、
　　子雲為相，賦、《玄》不工籍。〔註43〕

王充這段話的用意在於說明司馬相如、揚雄、孔子皆因沒有參與現實政治，
所以能傾盡全力在於思想上或文學上的著述。但值得注意的是，孔子對現實
政治始終是積極且抱有參與熱情的，而揚雄則是對政治採取疏離的態度，這
是由於他的思想中參雜了老、莊的思想。從老子、莊子的基本精神來說，揚
雄求知、著述，是體道者所不允許的，「但漢人截取道家之一體以為修養及處
世的資具，所以他們的道家思想，可以與其他思想及生活，並行而不悖。」
〔註44〕這也正是揚雄之所以能夠創作《法言》的主要原因。

第二節　外在動機

　　揚雄創作《法言》的外在動機，主要是指他對漢代學術環境的不滿。包
括當時經學的種種弊端以及諸子的詭辭惑眾。

一、設置經學博士所造成之弊端

　　漢代經學是學術主流，主要的原因是朝廷對經學的重視，如皮錫瑞曰：
　　　經學至漢代始昌明，而漢武時之經學為最純正。〔註45〕

〔註42〕同註 13。
〔註43〕漢‧王充，〈書解〉，《論衡》（臺北：世界書局，1962 年），第 28 卷，頁 563。
〔註44〕同註 2，頁 463。
〔註45〕清‧皮錫瑞，《經學歷史》（臺北：藝文印書館，1987 年），頁 62。

這裡所指的應是自武帝「罷黜儒家，表彰六經」之事。徐復觀先生認為：武帝於建元五年（西元前 138 年）設立五經博士，並授予俸祿，從此五經取得政治上的法定權威地位，同時，被舉為某經博士之人，對自己所代表的經所作的解釋，即成為權威的解釋。並且自然演進為「經的法定權威地位」，實際成為博士們所作解釋的法定權威地位。元朔五年（西元前 125 年）為博士置弟子員，使經學的傳授更系統化，至此「師法」的觀念形成。〔註46〕

　　因此，漢代經學雖從武帝時期鞏固了學術主流的地位，但亦由於經學博士的設置，而產生不少弊病，使得西漢經學至末期成為士人知識的最大禁錮：一方面，是經學的師法傳統所造成的瑣碎箋注：師法觀念，是為了維繫博士教授的權威而形成的，但在學習上反而是一種限制。同時，由於經學博士專守一經，知識活動範圍自然變得較狹隘，於是乃專致於訓詁、傳說，故又興起了章句之學；「一經說至百餘萬言」〔註47〕，勢必流於空疏附會，甚至出之以神怪，成為瞭解經義的一大障礙。另一方面，是學術庸俗化的傾向：無論是經學博士或弟子員，皆受有朝廷之俸祿，雖原始用意在於提升經學地位，但把學術與利祿連在一起，使得真正為學術而努力的士人數量，遠不及為「利祿之路」而治經之人，這種導之以利祿的結果，成為學術庸俗化的必然現象。

（一）師法傳統造成煩瑣學風

　　漢代的師法，是指「業師對於經文音義、注疏、訓詁，都有特定的口徑，從學者只能遵循，不能改變。這種學經的口徑，就是所謂『師法』」〔註48〕。皮錫瑞曰：

> 前漢重師法，後漢重家法。先有師法，而後能成一家之言。師法者，溯其源；家法者，衍其流也。……然師法別出於家法，而家法又各分顓家；如幹既分枝，枝又分枝。〔註49〕

由於經學博士代表著詮釋經義的權威，傳授予各弟子，各弟子秉承師法，形成各個派別，所以對於經文的字義解說日趨繁瑣，士人馳逐於動輒數萬言之章句，反而忽視了探究經學義涵的重要。《漢書・藝文志》曰：

〔註46〕徐復觀，《中國經學史的基礎》（臺北：臺灣學生書局，1982 年），頁 69～80。
〔註47〕同註 13。
〔註48〕章權才，《兩漢經學史》（臺北：萬卷樓圖書公司，1955 年），頁 92。
〔註49〕同註 45，頁 139～140。

> 古之學者耕且養，三年而通一藝，存其大體，玩經文而已，是故用
> 日少而蓄德多，三十而五經立也。後世經傳既已乖離，博學者又不
> 思多聞闕疑之義，而務碎義逃難，便辭巧說，破壞形體；說五字之
> 文，至於二三萬言。後進彌以馳逐，故幼童而守一藝，白首而後能
> 言；安其所習，毀所不見，終以自蔽。此學者之大患也。〔註 50〕

這是當時士人習讀經學的情況。他們只專注於經傳上一字一句、一草一木的訓釋，並且博採眾說以炫示廣博，經文的說解也就越來越繁，如桓譚《新論》中記載：「秦近君能說〈堯典〉篇目，兩字之說至十餘萬言；但說『曰若稽古』三萬言」〔註 51〕。王充《論衡》中記載：「王莽之時，省五經章句，皆為二十萬，博士弟子郭路夜定舊說，死於燭下。」〔註 52〕可見這種繁瑣的學風，根本喪失了最初研讀經學的意義。

（二）學術庸俗化傾向

《漢書·儒林傳》曰：

> 自武帝立五經博士，開弟子員，設科射策，勸以官祿，訖於元始，
> 百有餘年，傳業者寖盛，支葉蕃滋，一經說至百餘萬言，大師眾至
> 千餘人，蓋祿利之路然也。〔註 53〕

由於朝廷設置了五經博士，成為天下士人之師，而這些經學博士又只專守一經，使得知識活動範圍狹隘，專注於繁瑣章句的士人亦無暇於思想上有所創見，造成經學思想的封閉。且朝廷以五經為發策決科的標準，這種通經可以為吏的風氣，自然會使得五經以外的諸子之學，乏人研究，形成士人為求利祿而習讀經書的庸俗化傾向。《漢書·書賢傳》載當時流行的鄒魯之諺：「遺子黃金滿籯，不如教子一經。」〔註 54〕生動地反應了這一時代社會的心態和風尚。

西漢經學逐步的僵化與封閉，對於尊孔崇經的揚雄而言，是完全無法認同的，因此在《法言》中有許多強烈的批評，正顯示出揚雄積極的動機，是要將經學從封閉庸俗的博士系統中解救出來。

〔註 50〕同註 13。
〔註 51〕漢·桓譚，《新論》（臺北：臺灣中華書局，1966 年）。
〔註 52〕漢·王充，〈效力〉，《論衡》，第 13 卷，頁 267。
〔註 53〕同註 13。
〔註 54〕同註 13。

二、各種學說詭辭之惑眾

揚雄在其自序中曾提及寫作《法言》之動機，《漢書‧揚雄傳》曰：

> 雄見諸子各以其知舛馳，大氐詆訾聖人，即為怪迂，析辯詭辭，以撓世事，雖小辯，終破大道而或眾，使溺於所聞而不自知其非也。及太史公記六國，歷楚漢，訖麟止，不與聖人同，是非頗謬於經。故人時有問雄者，常用法應之，譔以為十三卷，象《論語》，號曰《法言》。〔註55〕

從這段話中可知，揚雄對當時諸多學說不滿。一是指那些學說大都誹毀周孔聖人之教，以巧辯異辭來攪亂時政，雖只是小道，但積多積久終會破壞大道且迷惑眾人，使天下人沉溺於這些詭辭而無法分辨真正的是非。一是對於太史公所撰之《史記》內容提出質疑，揚雄認為太史公所載與聖人思想不符，而且在歷史的是非判斷上，與經書的微言大義亦有乖離。是故揚雄仿《論語》問答之形式撰寫了《法言》。前者雖未明言其所指「諸子」之說為何，依西漢末年所盛行的學說來看，應是指陰陽五行、天人感應及讖緯諸說；後者則已明白指出《史記》一書。以下分別說明這些學說的大致情況：

（一）諸子異說

漢武帝雖罷黜百家、表彰六經使儒術獨尊，但事實上只是取消了諸子在官學中的位置，並沒有依董仲舒的要求，將儒家以外的諸子視為「邪辟」之說而以行政手段使它們「滅息」。所以，在武帝之後，百家之學在民間還是有傳習的自由〔註56〕。有的以獨立學派的身分出現，如道家的黃老之學；有的則藉著與儒家的合流，被吸收到儒學中而存在，如陰陽五行學說透過董仲舒等人的著作而被吸收到儒學中，成為漢代儒學的主要內容。因此，諸子學在西漢仍未完全隱沒，其中，最為活躍著，即是陰陽五行學說。

1.陰陽五行

陰陽五行說是由陰陽家而來，至漢代董仲舒可說是集大成的人物〔註57〕。其主要的著作為《春秋繁露》一書，在此書中，董仲舒認為陰陽是構成天道的二個主要元素。在〈順命〉篇中其言：

〔註55〕同註13。
〔註56〕王鐵，《漢代學術史》（上海：華東師範大學，1995年12月），頁6。
〔註57〕李威熊，《董仲舒與西漢學術》（臺北：文史哲出版社，1978年），頁66。

> 天者萬物之祖，萬物非天不生，獨陰不生，獨陽不生，陰陽與天地
> 參然後生。〔註58〕

〈陰陽出入上下〉篇又言：

> 春出陽而入陰，秋出陰而入陽，夏又陽而左陰，冬又陰而左陽：陰
> 出則陽入，陽出則陰入，陰右則陽左，陰左則陽右，是故春俱南，
> 秋俱北，而不同道；夏交於前，冬交於後，而不同理；並行而不相
> 亂，澆滑而各持分，此之謂天之意。〔註59〕

在此董氏說明了唯有陰陽與天地相參合，才能生成萬物。且由於陰陽的盛衰、
消長，而產生四季的變換，這種相生相剋的現象，也就是萬物生生不息的原
理。董氏再將陰陽分為少陽、太陽、少陰、太陰四部分，與四時、五行相配，
使陰陽與五行合而為一。在〈五行對〉中說：

> 天有五行，木、火、土、金、水是也。木生火，火生土，土生金，
> 金生水。水為冬，金為秋，土為季夏，火為夏，木為春。春主生，
> 夏主長，季夏主養，秋主收，冬主藏。〔註60〕

五行相生而有四季之分，同時四季又有生、長、養、收、藏的特性。這是董
仲舒吸收先秦以來陰陽五行之說，建立起來的一套宇宙觀，同時他以此與人
事相配合，形成了西漢思想的主要潮流。

　　陰陽五行說對西漢的影響很大，除了在政治上將君王繼承的統緒配入五
行，形成三統說外，在民間盛行著星象、望氣、求仙、房中術……等，都是
利用此說為依據的。在學術上，士人對於經學的說解亦雜入了陰陽五行之說，
最顯著的例子就是董仲舒以此來解《春秋》；再如孟喜說《易》，以六十四卦
三百六十爻配一年中四時、十二月、二十四氣、七十二候、三百六十五日的
系統；又如《詩緯氾歷樞》論《詩經》四始之說：

> 〈大明〉在亥，水始也；〈四牡〉在寅，木始也；〈嘉魚〉在巳，火
> 始也；〈鴻雁〉在申，金始也。〔註61〕

齊詩所論的《詩經》四始之說，是指春夏秋冬四時奏樂開始的詩篇，然在文
中以水、木、火、金分別代表冬、春、夏、秋，則是用了五行的理論。這些

〔註58〕漢・董仲舒撰、賴炎元註釋，《春秋繁露》（臺北：臺灣商務印書館，1987年），
　　　　頁384。
〔註59〕同註58，頁311。
〔註60〕同註58，頁278。
〔註61〕清・馬國翰輯，《玉函山房輯佚書》（京都：中文出版社，1979年9月）。

都是儒家學說受到陰陽五行說之影響的結果。

2. 天人感應

由於董仲舒在《春秋繁露》中將人與天的關係密切連結起來，於是形成了天人感應之說。〈人副天數〉篇說：

> 天地之精所以生物者，莫貴於人。……天地之符，陰陽之副，常設於身。身猶天也，數與之相參，故命與之相連也。天以終歲之數，成人之身，故小節三百六十六，副日數也；大節十二分，副五行數也；外有四肢，副四時數也……。〔註62〕

他認為人的一切都可比諸於天，人與天是相合的，又由於人乃是天地之精華所生，故能彼此相通，能交互感應。

漢代天人感應中最明顯的表現，就是災異與符命。所謂災異，是指一些大自然界中的變化，包括：彗星、水災、旱災、日蝕、月蝕、地震等等現象，在當時人看來，這是一種天人徵驗的表現，同時也是上天對於人類不當行為的警示。《春秋繁露、必仁且智》：「天地之物，有不常之變者，謂之異，小者謂之災，災常先至，而異乃隨之，災者，天之譴也，異者，天之威也，譴之而不知，乃畏之以威。」〔註63〕可知災與異仍小有不同。在政治上，這種災異說對當時發生了極大的影響，如：據《資治通鑑》記載〔註64〕，元帝永光四年（西元前40年）時發生日蝕，於是元帝以此罪責大臣周堪、張猛；元帝永光元年（西元前43年）由於降霜造成農作物欠收，天下饑荒，丞相于定國上疏自劾；《漢書·谷永傳》中記載光祿大夫谷永以日食為由，使許皇后坐廢。這些都是受到災異之說影響而造成的事件。

災異之說的原始用意，是希望以此來對執政者產生制衡的作用，即《漢書·董仲舒傳》曰：

> 國家將有失道之敗，而天迺先出災害以譴告之，不知自省，又出怪異以驚懼之，尚不知變，而傷敗迺至。〔註65〕

這是告誡君主應遵守執政的規範，若因個人之私而有失政的行為，那麼上天必將降予災異來加以譴責。因此，從原始動機來說，是為了要造福人民的。

〔註62〕同註58，頁327～328。
〔註63〕同註58，頁236。
〔註64〕宋·司馬光，〈元帝紀〉，《資治通鑑》（臺北：世界書局，1974年），頁923。
〔註65〕同註13。

但若災異之說成爲私人圖利之工具，造成政局的不安，那麼對國家的危害必定是相當嚴重的。西漢中葉以後，許多經學家競言災異，此時的經學已失去先秦儒學之精神了。《漢書・李尋傳》曰：

> 漢興，推陰陽災異者，孝武時有董仲舒、夏侯始昌，昭、宣則眭孟、夏侯勝，元成則京房、翼奉、劉向、谷永，哀、平則李尋、田終術。此其納說時君著明者也。察其所言，仿佛一端。假經設誼，依託象類，或不免乎億則屢中。仲舒下吏，夏侯囚執，眭孟誅戮，李尋流放，此學者之大戒也。〔註66〕

在此班固已點出這種災異說是毫無意義的，只不過是一種揣度，所言既多，故時有中者罷了，絕非是合於道術之學說。

至於符命，主要是指君主能擁有君權，乃是出自於天意，透過某些自然界的現象，顯現出所謂的「祥瑞徵兆」，來表示得到上天所賦予之新政權。在西漢末年，這種符命之說相當盛行，如：《漢書・李尋傳》記載，成帝時齊人甘可忠僞作了《天官曆》、《包元太經》二書，主要用意乃言「漢家逢天地之大終，當更受命於天，天帝使眞人赤精子，下教我此道。」〔註67〕他認爲漢室所遭逢的天災人禍，必須以改制來化解，並以此思想授予夏賀良、丁廣世等人。至哀帝時，竟聽信甘可忠的說法，採取了夏賀良等人的建議，下詔改制，《漢書・李尋傳》曰：

> 漢國再受命之符，……以建平二年爲太初元年，號曰陳聖劉太平皇帝。漏刻以百二十爲度。布告天下，使明知之。〔註68〕

由此可見當時這種天命神學之說的盛行，同時對君主的影響是相當大的。

3. 讖緯學說

所謂「讖緯」思想，是興起於漢代，以陰陽五行爲骨架，天人感應說爲核心，依附於孔子和儒家經典，借助於神權的力量來指導現實或預示未來的吉凶禍福。「讖」即預言，《說文》：「讖，驗也。有徵驗之書，河雒所出曰讖。」〔註69〕讖書就是一種神學迷信的徵驗書，以神的預言來示人的吉凶。「緯」是對「經」而言者，《釋名・釋典藝》：「緯，圍也，反覆圍繞以成經

〔註66〕同註13。
〔註67〕同註13。
〔註68〕同註13。
〔註69〕漢・許慎撰、清・段玉裁注，《說文解字注》（臺北：黎明文化事業，1991年），頁91。

也。」〔註70〕可知緯書的產生是依傍經義，其實質是神學迷信、陰陽五行說的結合。「讖」與「緯」從實質上來說，是沒什麼區別的，只是就產生的歷史先後來說，則讖先於緯〔註71〕。宋鄭樵說：

> 讖緯之學起於前漢，及王莽好符命，光武以圖讖興，遂盛行於世。
> 〔註72〕

清閻若璩亦言：

> 嘗思緯書萌於成帝，成於哀、平，逮東京尤熾。〔註73〕

由此可知讖緯學說興起於西漢成帝時期，至哀帝、平帝時已開始廣泛流傳，直至王莽更利用讖緯之說，達到其篡位的野心，《漢書‧王莽傳》曰：

> 始建國元年，……秋，遣五威將王奇等十二人班〈符命〉四十二篇於天下。德祥五事，符命二十五，福應十二，凡四十二篇。其德祥言文、宣之世黃龍見於成紀、新都，高祖考王伯墓門梓柱生枝葉之屬。符命言井石、金匱之屬。福應言雌雞化爲雄之屬。其文爾雅依託，皆爲作說，大歸言莽當代漢有天下云。〔註74〕

王莽利用符命與讖緯之說，說服了天下人，讓世人能夠接受其取漢而代之，乃是天命使然，無可反抗的。由是可清楚的瞭解，讖緯學說在西漢末年已經具有相當大的支配力量，在政治上的影響力，足以構成政權興亡的緣由。在學術上，大量的讖緯書出現，將孔子神化，使得儒學變爲宗教神學，成爲學術上所盛行的學說，使得經義也染上了神秘的色彩，混淆了眞正的儒家精神。

（二）《史記》所載謬於經

由於揚雄崇奉孔子，而「孔子的思想人格，不僅表現在《論語》上，更表現在《春秋》上。孔子作《春秋》，以褒貶爲萬世立人極，好勝的揚雄，斷沒有不嚮往之理。」〔註75〕因此，揚雄批評太史公撰《史記》之內容亦以孔

〔註70〕 漢‧劉熙撰、清‧畢沅疏證，《釋名疏證》（臺北：廣文書局，1971 年），頁48。

〔註71〕 鍾肇鵬，《讖緯論略》（臺北：洪葉文化事業，1994 年 9 月），頁 2～11。

〔註72〕 宋‧鄭樵，《通志‧藝文略》，〈孝經〉讖緯類（臺北：新興書局，1963 年），頁 761。

〔註73〕 清‧閻若璩，《尚書古文疏證》卷 7 第 99 條（上海：上海古籍出版社，1987 年 12 月）。

〔註74〕 同註 13。

〔註75〕 同註 2，頁 502。

子思想為衡準，言「不與聖人同，是非頗謬於經」，這裡的「經」，應是指《春秋》而言的。他對太史公曾做過一番評論，《法言・問神》曰：

> 或曰：淮南、太史公者，其知多與！曷其雜也。曰：雜乎？雜。人病以多知為雜，惟聖人為不雜。〔註76〕

〈重黎〉曰：

> 或問《周官》？曰：立事；《左氏》？曰：品藻；太史遷？曰：實錄。〔註77〕

〈君子〉曰：

> 淮南說之用，不如太史公之用也。太史公，聖人將有取焉；淮南，鮮取焉爾。必也儒乎，乍出乍入，淮南也；文麗用寡，長卿也；多愛不忍，子長也。仲尼多愛，愛義也；子長多愛，愛奇也。〔註78〕

由於《淮南子》與《史記》同為西漢時代最為龐大的著作，因此揚雄提出二者來討論，顯示他對二者之重視；同時，他把《淮南子》的價值列於《史記》之下，亦可看出二書在其心中的優劣次第。揚雄對《史記》有許多肯定之處，如稱之為「實錄」，即表示其所紀錄之事皆有事實或文獻之根據，又說太史公「聖人將有取焉」，表示《史記》中載有禮樂儒學之說，對聖人之道而言，是足以取而用之的。但另一方面，揚雄亦批評《史記》之缺點是「雜」，即《漢書・司馬遷傳》所言：「至於采經摭傳，分散數家之事，甚多疏略，或有牴牾……，又其是非頗謬於聖人，論大道則先黃老而後六經，序遊俠則退處士而進姦雄，述貨殖則崇勢利而羞貧賤，此其所蔽也。」〔註79〕由此可知揚雄對《史記》確有訾議之處。

揚雄對《史記》的訾議，明顯地表現於他的著作上。唐劉知幾記載揚雄曾續寫過《史記》，但原書已佚〔註80〕。王充亦曰：

> 司馬子長記黃帝以至孝武，揚子雲錄宣帝以至哀、平，陳平仲記光武，班孟堅頌孝明。〔註81〕

〔註76〕揚雄，《法言》，卷5，頁252。

〔註77〕揚雄，《法言》，卷10，頁614。

〔註78〕揚雄，《法言》，卷12，頁746～747。

〔註79〕同註13。

〔註80〕唐・劉知幾，〈正史〉篇：「《史記》所書年止漢武太初已，後闕而不錄，其後劉向、向子歆及諸好事者，若馮商、衛衡、揚雄……等，相次撰續，迄於哀、平間，猶名《史記》。」《史通》（臺北：臺灣中華書局，1970年），第12卷。

〔註81〕漢・王充，〈須頌〉，《論衡》，第20卷，頁404。

這表示揚雄曾繼司馬遷之後，寫作了漢宣帝到漢平帝這段歷史。而在《法言》的〈重黎〉、〈淵騫〉兩篇中，針對先秦、秦，以及漢代的歷史人物做了廣泛的評論，主要的目的，是在端正《史記》中對歷史人物的是非褒貶之謬誤。

由此可見，揚雄企圖準《春秋》以補正《史記》的缺失，亦是他寫作《法言》的主要動機之一。雖然這一部分在《法言》全書中所佔分量並不多，但在兩漢任何一部思想性的著作中，卻少有一部像《法言》這樣品評許多歷史人物的。從這亦可證明他力追孔子之心意，是相當強烈的。

孟子以排斥異端邪說、維護儒家理念爲己任的精神，深受揚雄景仰，〈吾子〉曰：

> 古者楊、墨塞路，孟子辭而闢之，廓如也；後之塞路者有矣，竊自
> 比於孟子。〔註82〕

孟子生於諸子各馳其說的戰國時代，這與揚雄當時所處的學術環境是類似的，因此，孟子慨然著書以開通蔽塞之路，闡明仁義之道的精神，讓揚雄在景仰之餘，亦起而效法，爲其心目中「正宗」儒學的發展廓清道路。這反映出《法言》中含有強烈的時代批評與反思的精神，「成爲漢代自董仲舒後儒學發生深刻變化的關鍵」〔註83〕，然而後世學者卻常從揚雄擬古的角度，作爲評估《法言》思想價值的依據，使得《法言》在復古名義下的新內容、在模擬形式中的反思精神，長期湮沒而不彰。這對揚雄而言，實欠公允。

至於揚雄爲《法言》命名之旨，據汪榮寶《法言義疏》云：

> 名曰法言者，《說文》：「灋，刑也。平之如水，从水、廌。所以觸不
> 直者去之，从廌、去。法，今文省。」按引申爲典則之稱。《爾雅·
> 釋詁》云：「法，常也。」《論語》云：「法語之言，能無從乎？」《孝
> 經》云：「非先王之法言，不敢道。」《荀子·大略》云：「少言而法
> 君子也。」此子雲名書之旨也。〔註84〕

依汪氏所言，揚雄之意，乃是企望該書能成爲當世思想的典範，能導天下人於正道。全書共十三篇，始於〈學行〉，終於〈孝至〉，另有〈序目〉以述各篇主旨。在形式上是仿《論語》的文體。《論語》以〈學而〉爲首篇，〈堯曰〉

〔註82〕揚雄，《法言》，卷2，頁132。

〔註83〕許結，〈揚雄與兩漢思想〉，《中國哲學史研究》，第4期（1988年），頁41～48。

〔註84〕揚雄，《法言》，卷1，頁18。

爲最終。汪氏云：

> 皇侃《義疏》云：降聖以下，皆須學成，故〈學記〉云：『玉不琢不
> 成器，人不學不知道。』是明人必須學乃成。此書既遍該眾典，以
> 教一切，故以〈學而〉爲先也。按《法言》象《論語》，故亦以〈學
> 行〉爲首矣。〔註85〕

又云：

> 《困學紀聞》云：「《論語》終於〈堯曰〉篇，《孟子》終於堯、舜、
> 湯、文、孔子，而《荀子》亦終於〈堯問〉，其意一也。」翁氏元圻
> 注云：「揚子《法言》終以〈孝至〉篇，亦及堯、舜、夏、殷、周、
> 孔子，其以孝至名篇，蓋堯舜之道，孝弟而已矣。」〔註86〕

可見揚雄除了在形式上倣《論語》外，更欲進一步地繼承孟、荀之學，崇奉
儒家正道，闢除異端，使《法言》能在詭辭異說充斥的時代，成爲儒家眞精
神的傳承者。

〔註85〕揚雄，《法言》，卷1，頁17。
〔註86〕揚雄，《法言》，卷13，頁771。

第三章 《法言》對先秦以來 學術之評論

　　漢武帝罷黜百家，表彰六經，在政策上，使得儒家從諸子之一而上升到獨尊的地位，而在民間自由傳習的諸子之學雖受到壓抑，但仍不乏有傳習者。另一方面，自經學博士設置後，學術的傳承亦走向繁瑣與庸俗的學風，且受到當時所流行的陰陽五行、天人感應、讖緯神學等影響，使得儒學的性質有了轉變。在揚雄看來，這些都是不合於孔子的聖人之道。

　　因此，在《法言》中，揚雄為維護孔子的聖人之道，避免這些「小道」日後可能「破大道而惑眾」，開展出對諸子學說及當時儒學自身的批評，意圖扭轉當時學術思想的困境。

　　除此之外，揚雄亦不滿《史記》對歷史人物的褒貶，在《法言》中，對先秦、秦代及漢代歷史人物、朝代迭興，重新做了一番評鑑，這在兩漢思想性的著作中，是相當特出的一部分。其次，透過對歷史的評述，屢託秦以刺莽，表達出其對新莽政權的不滿，足證揚雄雖仕宦於新莽，然對於王莽之篡漢仍是不齒的；且對王莽篡位後的各種措施大失所望。

　　至於揚雄在《法言》中對先秦以來學術做了廣泛的評論，他所設的準據是孔子的聖人之道，在〈吾子〉篇中說：

> 或曰：人各是其所是，而非其所非，將誰使正之？曰：萬物紛錯，
> 則懸諸天；眾言淆亂，則折諸聖。或曰：惡覩乎聖而折諸？曰：在
> 則人，亡則書，其統一也。〔註1〕

〔註1〕 漢・揚雄撰，清・汪榮寶疏，《法言義疏》（臺北：世界書局，1981年，以下書名簡稱《法言》），卷2，頁134。

揚雄認為，當世的各種學說皆以自身所設的標準而論是非，必將使得世人找不到一可循之原則，因此，必須有一至高的準則來評斷這些學說，這準則就是孔子的聖人之道。如同萬象雜陳，無可依據，則須觀於天文以正之；眾學說紛然淆亂，則須以孔子的聖人之道來做為評據準則。若與聖人並世，則可親就聖人而正之；若生於聖人既沒之後，則正之以聖人之書，其道理是一致的。

而聖人的褒貶譽毀，是以仁義為原則，〈淵騫〉曰：

> 妄譽，仁之賊也。妄毀，義之賊也。賊仁近鄉原，賊義近鄉訕。
> 〔註2〕

聖人以仁做為褒善的原則，以義做為貶惡的出發點，是故若妄以毀譽加諸於人者，是賊傷仁義之人。此即為聖人評斷紛亂眾說之標準，亦是揚雄論說先秦以來學術概況之準據。

本章撰寫之重點，即由揚雄評論諸說為出發，針對《法言》內容中，有關他對先秦諸子、西漢學術，及歷史人物、朝代興衰、王莽政權之評論加以歸納，並論述其批評之精神所在。

第一節　《法言》對先秦儒家及諸子之評論

在討論《法言》對先秦諸子之批評前，應先瞭解揚雄對諸子之界定，〈君子〉篇言：

> 諸子者，以其知異於孔子也。〔註3〕

由此可知，揚雄認為所謂的諸子，是指「知異於孔子」者，即思想理論不同於孔子學說的，都稱之為諸子。從這段話中亦透露出二個訊息：一是孔子與諸子之關係是相對的；二是孔子之學說乃為評斷諸子是非之標準。

至於《法言》對孔子及儒家的孟子、荀子及孔子弟子的評論，雖不隸屬揚雄所界定諸子的範圍之內，但由於同屬於先秦學派之一，且在《法言》中亦有深刻的論述，故在此將一併做探討。根據揚雄對諸子之界說，以及《法言》中對諸子之評論的內容來看，大致可歸納出兩種態度，一為全面否定者，包括法家、名家、縱橫家與兵家、墨家等；另一種態度是既否定，又有部分

〔註2〕揚雄，《法言》，卷11，頁720。
〔註3〕揚雄，《法言》，卷12，頁734。

肯定者，如道家的老子、、莊子，陰陽家的鄒衍。

一、對先秦儒家之評論

　　《法言》為維護儒家在西漢學術中的正統地位，澄汰當時附會於儒家的駁雜學說，因此對於先秦儒家代表人物：孔子、孟子、荀子及孔子弟子，均有一番深刻的見解。

　　在研究《法言》有關尊孔的觀點之前，應先理解揚雄的聖人觀。在《法言》一書中，論及聖人、聖人之道、聖人之言、聖人之書、聖人之行等，約有七十五次以上〔註4〕，可見聖人在揚雄心目中的地位，是相當重要的。

　　揚雄所論的聖人，是履行一切倫理規範的理想人格。〈五百〉：

　　　　赫赫乎日之光，群目之用也；渾渾乎聖人之道，群心之用也。〔註5〕

　　　　聖人重其道而輕其祿，眾人重其祿而輕其道。聖人曰：於道行與；

　　　　眾人曰：於祿殖與。〔註6〕

〈先知〉曰：

　　　　聖人樂陶成天下之化，使人有士君子之器者也，故不遁于世，不離

　　　　于群，遁離者是聖人乎！〔註7〕

〈重黎〉曰：

　　　　或問聖人表裏。曰：威儀文辭，表也；德行忠信，裏也。〔註8〕

他認為聖人的內在是以德行為出發；表現於外在者，便是威儀文辭。聖人與一般人最大不同就在於聖人重道而輕祿，一般人則是重祿而輕道。由此可知揚雄所賦予聖人的條件，除了在倫理規範上的完美典範外，更是道德的最高標準。因此，聖人與眾人群居於世，能夠教化天下之人，使天下人言行免於過錯，近於君子。

　　揚雄又將聖人塑造成與天相同地位者，〈問神〉篇言：

　　　　聖人存神索至，成天下之大順，致天下之大利，和同天人之際，使

　　　　之無間也。〔註9〕

〔註4〕黃開國，《揚雄思想初探》（四川：巴蜀書社，1989年11月），頁41。

〔註5〕揚雄，《法言》，卷8，頁393。

〔註6〕揚雄，《法言》，卷8，頁377。

〔註7〕揚雄，《法言》，卷9，頁451～452。

〔註8〕揚雄，《法言》，卷10，頁543。

〔註9〕揚雄，《法言》，卷5，頁218～219。

〈五百〉篇言：

> 聖人有以擬天地而參諸身乎。〔註10〕

> 聖人之言，遠如天；賢人之言，近如地。〔註11〕

> 聖人之材，天地也，次山陵川泉也，次鳥獸草木也。〔註12〕

〈君子〉篇言：

> 或曰：聖人之道若天。〔註13〕

天是漢哲學亦是揚雄哲學的最高範疇〔註14〕，「和同天人之際」，可說是漢代儒家哲學的最高境界。從上面的引文中可知，無論是聖人之言、聖人之材或是聖人之道，在揚雄看來，都是天的體現，這是把聖人提升到與天同等的地位，以聖人能與天地並立為參。這表示他視聖人為最高的人格代表。

（一）孔 子

《法言》最推崇的聖人為孔子。如〈學行〉言：

> 天之道，不在仲尼乎？〔註15〕

〈修身〉言：

> 或曰：孔子之事多矣，不用則亦勤且憂乎？曰：聖人樂天知命，樂天則不勤，知命則不憂。〔註16〕

〈問明〉言：

> 或謂：仲尼事彌其年，蓋天勞諸病矣夫。曰：天非獨勞仲尼，亦自勞也。天病乎哉！天樂天，聖樂聖。〔註17〕

〈五百〉言：

> 或曰：聖人無益於庸也。曰：世人之益者，倉廩也，取之如單。仲尼神明也，小以成小，大以成大，雖山川丘陵草木鳥獸裕如也，如不用也。神明亦未如之何矣。〔註18〕

在此揚雄盛讚孔子之道能善誘世人，他所包含的真理，無論是大是小的事物，

〔註10〕揚雄，《法言》，卷8，頁373。
〔註11〕揚雄，《法言》，卷8，頁399～400。
〔註12〕揚雄，《法言》，卷8，頁422。
〔註13〕揚雄，《法言》，卷12，頁750。
〔註14〕同註4，頁42。
〔註15〕揚雄，《法言》，卷1，頁23。
〔註16〕揚雄，《法言》，卷3，頁143。
〔註17〕揚雄，《法言》，卷6，頁280。
〔註18〕揚雄，《法言》，卷8，頁394。

都可以從中得到依據；且孔子樂天知命，學不厭、教不誨的精神，正是孔子之所以成爲聖人的主要因素，因此揚雄將孔子比諸於天，〈君子〉篇言：「聖人之書、言、行，天也。」〔註19〕把孔子的言行與著作，視爲天的體現。

　　由於揚雄對孔子的極至推崇，因此論及孔子之道與庸人之道的差距，是相當懸殊的，〈君子〉：

　　　　或曰：仲尼之術，周而不泰，大而不小，用之猶牛鼠也。曰：仲尼
　　　　之道，猶四瀆也，經營中國，終入大海；它人之道者，西北之流也，
　　　　綱紀夷貉，或入于沱，或淪于漢。〔註20〕

把孔子之道比喻爲天下大水，所灌漑經營者爲天下眾人，而世人之道如同大水中的小支流，所涵蓋的範圍小。同樣的道理，孔子之言即是聖人之言，是相當深遠廣闊的，〈問道〉：

　　　　聖人之言，似於水、火。或問：水、火。曰：水測之而益深，窮之
　　　　而益遠；火用之而彌明，宿之而彌壯。〔註21〕

這裡以水、火來比喻聖人之言，認爲踐履孔子之言，就更能發現它的奧妙意涵，猶如取之不竭，用之不盡的寶藏。是故《法言》以孔子之言行來衡斷一切學說，〈學行〉：

　　　　視日月而知眾星之蔑也，仰聖人而知眾說之小也。〔註22〕

〈修身〉：

　　　　仰天庭而知天下之居卑也哉！〔註23〕

對於諸子學說的紛然淆亂，揚雄的應對方法就是以孔子之道爲評斷標準，因此，觀孔子聖道便能夠對比出諸子學說的淺小與不足觀了。

　　正因爲揚雄極力推崇孔子，而且他是從絕對化的觀念出發，將孔子置於神聖且不容置疑的地位，拒絕任何對孔學的批評，所以當揚雄反駁別人時，便出現許多可議之處，例如〈問神〉：

　　　　或問：聖人之作事，不能昭若日月乎？何後世之訾訾也？曰：瞽曠能
　　　　默，瞽曠不能齊不齊之耳；狄牙能喊，狄牙不能齊不齊之口。〔註24〕

〔註19〕揚雄，《法言》，卷12，頁751。
〔註20〕揚雄，《法言》，卷12，頁742。
〔註21〕揚雄，《法言》，卷4，頁184。
〔註22〕揚雄，《法言》，卷1，頁46。
〔註23〕揚雄，《法言》，卷3，頁147。
〔註24〕揚雄，《法言》，卷5，頁244。

這是質疑聖人能行正道教化天下，何以一般學者仍不斷爭訟是非？揚雄將此情況比喻為瞽曠能審正聲，但人對聲音的清濁高下各有所好；又如同狄牙雖能調和五味，但人對食物的酸鹹甘苦各有所偏，這是瞽曠、狄牙所不能統合齊一的，所以聖人雖能行正道，對於那些愚闇邪僻之人的學說，則不是聖人所能制止的。這一回答看似合理，但如此一來，所謂的正道教化作用的絕對意義似乎相對削弱了。再如〈五百〉：

> 或問：孔子之時，諸侯有知其聖者與？曰：知之。知之則曷為不用？曰：不能。曰：知聖而不能用也，可得聞乎？曰：用之則宜從之，從之則弃其所習，逆其所順，彊其所劣，捐其所能衝衝如也。非天下之至，孰能用之。〔註25〕

這是質疑孔子雖為眾人所知之聖者，但卻不為諸侯所用。揚雄將原因歸諸於諸侯，他認為若諸侯用孔子之道，則必須拋棄過去既有之思想與行為，接受以往所不認同的道理，這對諸侯而言是相當困難的，因此，除非是天下之至善者，否則是難以重用孔子之道的。依揚雄的說法，則孔子聖道之具體踐履，顯然是有所局限的。這與前文揚雄推崇聖道無所不通，便有了矛盾之處。又如〈五百〉：

> 或問：天地簡易，而聖人法之，何五經之支離？曰：支離蓋其所以簡易也，已簡已易，焉支焉離？〔註26〕

五經乃儒家典籍，亦是孔子道術之代表。當有人批評五經支離繁多時，揚雄的回答為「支離蓋其所以簡易」，即以支離歧出故能簡易，這種近於詭辯的解釋，實在令人難以理解五經支離之因。

雖然揚雄視孔子為聖人之代表，以孔子之道為絕對真理，進而拒絕任何對孔學之質疑與批評，因此而產生許多可議的言論，但亦可由此看出《法言》將孔子塑造為神聖不可侵之地位，極力維護孔學為學術主流之用心，是不容置疑的。

（二）孟 子

戰國時代諸子學說眾多紛亂，孟子力闢諸說以復興儒學，《孟子‧滕文公下》：

> 聖王不作，諸侯放恣，處士橫議，楊朱、墨翟之言盈天下，天下之

〔註25〕揚雄，《法言》，卷8，頁382。
〔註26〕揚雄，《法言》，卷8，頁393。

言，不歸楊則歸墨。楊氏為我，是無君也；墨氏兼愛，是無父也；
無父無君，是禽獸也。……吾為此懼，閑先聖之道，距楊、墨，放
淫辭，邪說者不得作。〔註27〕

孟子闡揚孔子之道的精神，深受揚雄所景仰，故揚雄在〈吾子〉篇曾言「竊
自比於孟子」〔註28〕，他對孟子之崇敬之情，自不言而喻。〈君子〉：

或問：孟子知言之要，知德之奧。曰：非苟知之，亦允蹈之。或曰：
子小諸子，孟子非諸子乎？曰：諸子者，以其知異於孔子也，孟子
異乎？不異。〔註29〕

揚雄據《孟子·離婁下》所言：「博學而詳說之，將以反說約也。」及「君子
深造之以道，欲其自得之。」〔註30〕推崇孟子不但能「知言之要，知德之奧」，
而且能確實地履行大道，因此，這種知而能行的精神，能夠與孔子相通而不
悖。揚雄這一番話，無形中便將孟子於諸子中抽離出來，大大地提高了孟子
在先秦諸子中的地位。〈淵騫〉：

或問勇。曰：軻也。曰：何軻也？曰：軻也者，謂孟軻也。若荊軻，
君子盜諸。請問孟軻之勇？曰：勇於義而果於德，不以貧富貴賤死
生動其心，於勇也其庶乎！〔註31〕

揚雄推尊孟子兼具德與義，是一位勇者，此為根據《孟子·公孫丑上》所言：
「我善養吾浩然之氣。……其為氣也，至大至剛，以直養而無害，則塞於天
地之間，其為氣也，配義與道，無是，餒也。」〔註32〕而來，又據〈滕文公
下〉：「富貴不能淫，貧賤不能淫，威武不能屈，此之謂大丈夫。」〔註33〕說
明了勇者的內涵，可見揚雄推尊孟子，是著眼於孟子力闢諸子學說，並且能
恪遵儒家仁義道德之旨，徹底履行於言行上。

（三）荀　子

《法言》對荀子的評論，主要是說明荀子亦傳述孔子之道，但小有不同，
〈君子〉：

〔註27〕《十三經注疏》本（臺北：藝文印書館，1991 年）。
〔註28〕揚雄，《法言》，卷2，頁132。
〔註29〕揚雄，《法言》，卷12，頁734。
〔註30〕同註27。
〔註31〕揚雄，《法言》，卷11，頁622。
〔註32〕同註27。
〔註33〕同註27。

> 或曰：孫卿非數家之書，偄也。至於子思、孟軻，詭哉！曰：吾於
> 孫卿與，見同門而異戶也，惟聖人爲不異。〔註34〕

據《廣雅·釋詁》：「偄，可也。」〔註35〕揚雄對於荀子著作中分析議論諸家
學派，並批評各家學說，如《荀子·非十二子》對它囂、魏牟、陳仲、史
鰌、墨翟、宋鈃、慎到、田駢、惠施、鄧析等人的論述表示肯定〔註36〕；但
對於荀子批評思與孟子，揚雄則無法表示認同，並認爲荀子的批評近於譎
詐怪異。所謂「同門而異戶」，是表示孟、荀二人學說的根源都同出於孔門，
但略有不同。揚雄評論孟子時，稱許其不異於孔子；而在此論荀子時，仍說
「同門而異戶，惟聖人爲不異」，可知他認爲在孔門中，孟子的地位是高於荀
子的。

（四）孔門弟子

　　《法言》對於孔門弟子的評論，可分成兩部分，一部分爲泛指孔門全體
弟子，另一部分則爲單獨地評論各個弟子。

　　在評論孔門全體弟子的部分，〈學行〉言：

> 螟蛉之子殪而逢蜾蠃，祝之曰：類我！類我！久則肖之矣。速哉！
> 七十子之肖仲尼也。〔註37〕

〈淵騫〉言：

> 或問：淵騫之徒惡乎在？曰：寢。或曰：淵騫曷不寢？曰：攀龍鱗
> 附鳳翼，巽以揚之，勃勃乎其不可及也，如其寢！如其寢！
> 七十子之於仲尼也，日聞所不聞，見所不見，文章亦不足爲矣。
> 〔註38〕

揚雄稱許孔子弟子受孔子之教誨，能快速的習得孔子之學；同時，正由於顏
淵、閔子騫等七十子能師事孔子，故其名能傳於後世，至於七十子之弟子，
便湮沒不彰了。在此亦可顯現出《法言》對孔子表現出極高的崇敬之意外，
揚雄也說明了這些遊於孔子門下的弟子，其所學是著重於倫理道德，而不是

〔註34〕揚雄，《法言》，卷12，頁735～736。
〔註35〕魏·張揖撰，清·王念孫疏證，《廣雅疏證》（臺北：廣文書局，1971年），卷
　　　　3上，頁89。
〔註36〕清·王先謙，《荀子集解》（北京：中華書局，1992年2月），頁93～94。
〔註37〕揚雄，《法言》，卷1，頁28。
〔註38〕揚雄，《法言》，卷11，頁618～619。

文章著述之事；因此，七十子不必皆有著述傳於後世，這並非才能不逮，乃是由於聖人之道日新，七十子得而師之，必當進益不止，故無暇從事文章著述之工作。

至於《法言》單獨評論孔子弟子的部分，則包括了子游、子夏、宰我、子貢、顏淵、閔子騫等人，〈問明〉曰：

> 仲尼，聖人也。或問劣諸子貢，子貢辭而精之，然後廓如也，於戲！
> 觀書者違，子貢雖多，亦何以為？〔註39〕

〈君子〉曰：

> 或曰：聖人之道若天，天則有常矣，奚聖人之多變也。曰：聖人固
> 多變，子游、子夏得其書矣，未得其所以書也；宰我、子貢得其言
> 矣，未得其所以言也；顏淵、閔子騫得其行矣，未得其所以行也，
> 聖人之書、言、行，天也，天其少變乎。〔註40〕

上面所引的兩則文字，前一則盛讚子貢能秉承孔子之道，進德修業之功，幾乎能夠超賢而入聖，因此，學者若不崇奉孔子之道，不以孔子之言為圭臬，那麼即使能博極群書，亦是不能有所成就的。後一則是揚雄依據《論語・先進》所言：

> 德行：顏淵、閔子騫、冉伯牛、仲弓。言語：宰我、子貢。政事：
> 冉有、季路。文學：子游、子夏。〔註41〕

此論述了孔子弟子各有所長：顏淵、閔子騫等人兼具百行之美；宰我、子貢擅長於賓主相對之辭；冉有、子路擁有處理政事之才；而子游、子夏則熟稔於先王典籍。即使孔子的弟子在各個領域之中皆有特出者，但揚雄認為他們只知其然，而不知其所以然，這顯然仍不及孔子志道秉常，隨時應物的至高境地。因此，可知揚雄這番話的目的，亦是企圖強調孔子之德業是無人所能企及的。

值得注意的是，揚雄在孔門弟子中特別推重顏淵。首先，他強調顏淵承教於孔子的關係，〈學行〉：

> 或問：世言鑄金，金可鑄與？曰：吾聞覯君子者，問鑄人不問鑄金。
> 或曰：人可鑄與？曰：孔子鑄顏淵矣。或人踧爾曰：旨哉！問鑄金

〔註39〕揚雄，《法言》，卷6，頁287～288。
〔註40〕揚雄，《法言》，卷12，頁750～751。
〔註41〕同註27。

得鑄人。〔註42〕

睎驥之馬,亦驥之乘也,睎顏之人,亦顏之徒也。或曰:顏徒易乎?
曰:睎之則是。曰:昔顏嘗睎夫子矣,正考甫嘗睎尹吉甫矣,公子
奚斯嘗睎尹吉甫矣,不欲睎則已矣,如欲睎孰禦焉。〔註43〕

曰:有教立道,無止仲尼;有學術業,無止顏淵。或曰:立道,仲
尼不可爲思矣;術業,顏淵不可爲力矣。曰:未之思也,孰禦焉?
〔註44〕

揚雄稱許顏淵受教於孔子,使顏淵能幾近於聖人的境界,因此,孔子鑄造、
成就了顏淵,就如同世人化它物爲黃金般,是相當可貴的。同時,又將孔、
顏二人並稱,讚孔子爲立道不止之聖者,而顏淵則是述業不止之賢明者。徐
復觀先生認爲,孔、顏並稱,在不確定的意味上,殆始於莊子。在確定的意
味上,殆始於揚雄〔註45〕。由此可知,揚雄有意建立起「爲學需以孔、顏爲
鵠的」的觀念,這是自先秦至西漢以來所沒有的。

《法言》推重顏淵,除了以上所述強調孔、顏關係外,揚雄亦特別凸顯
顏淵安貧樂道之行,〈學行〉:

或曰:猗頓之富以爲孝,不亦至乎,顏其餒矣。曰:彼以其粗,顏
以其精;彼以其回,顏以其貞。〔註46〕

或曰:使我紆朱懷金,其樂可量也?曰:紆朱懷金者之樂,不如顏氏
子之樂。顏氏子之樂也內,紆朱懷金者之樂也外。或曰:請問屢空
之內?曰:顏不孔,雖得天下,不足以爲樂。然亦有苦乎?曰:顏苦
孔之卓之至也。或人瞿然曰:兹苦也。祇其所以爲樂也與。〔註47〕

〈修身〉亦曰:

山雌之肥,其意得乎?或曰:回之簞瓢,臞如之何?曰:明明在上,
百官牛羊亦山雌也;闇闇在上,簞瓢捽茹亦山雌也,何其臞。千鈞
之輕,烏獲力也。簞瓢之樂,顏氏德也。〔註48〕

〔註42〕揚雄,《法言》,卷1,頁37。
〔註43〕揚雄,《法言》,卷1,頁55。
〔註44〕揚雄,《法言》,卷1,頁78。
〔註45〕徐復觀,《兩漢思想史(卷二)》(臺北:臺灣學生書局,1993年),頁505。
〔註46〕揚雄,《法言》,卷1,頁72～73。
〔註47〕揚雄,《法言》,卷1,頁73～74。
〔註48〕揚雄,《法言》,卷3,頁157。

上面所述三段引文，主要是說明顏淵所樂者，並非擁有王侯之權或懷有百金之富，而是能得孔子之道而師事之，至於顏淵所苦之事，揚雄據《論語‧子罕》所言：「仰之彌高，鑽之彌堅。瞻之在前，忽焉在後。夫子循循然善誘人，博我以文，約我以禮，欲罷不能。既竭吾才，如有所立卓爾。雖欲從之，未由也已。」〔註49〕由於聖人之道超絕，雖竭盡己才，仍猶不及之故。在第三則引文中，揚雄又盛讚顏淵之德，在於安貧樂道，汪氏疏曰：「明王在上，君子得行其道，雖如舜於畎畝之中，受百官牛羊倉廩之饋，亦時也。……天下無道，君子隱居以求其志，如顏子之一簞食、一瓢飲，亦時也。」〔註50〕顏淵這種安於貧困，致力於求道之精神，深受揚雄推崇，探究其原因，除了顏淵為孔門傑出弟子外，或許也由於顏淵能在物質生活貧困的環境中仍勵學不輟，與揚雄當時的情況相似之故。

二、對先秦諸子之評論

（一）全面否定者

揚雄對諸子學說的評論中，採全面否定者包括法家、名家、縱橫家及兵家。

1.法　家

法家的主要思想，大致可分成三個派別，即：商鞅的重法派、申不害的重術派及慎到的重勢派，而集大成者為韓非。所謂「法」，即統治的標準，《商君書‧修權》：

> 國之所以治者三：一曰法，二曰信，三曰權。〔註51〕

《商君書‧定分》又曰：

> 法令者，民之命也，為治之本也，所以備民也。〔註52〕

他認為法令是治國的根本，人民的命脈。《韓非子‧定法》對法的解釋為：

> 法者，憲令著於官府，刑罰必於民心，賞存乎慎法，而罰加乎奸令者也：此人臣之所師也。〔註53〕

〔註49〕同註27。
〔註50〕揚雄，《法言》，卷3，頁158。
〔註51〕商鞅，《商君書》（臺北：世界書局，1955年），頁24。
〔註52〕同註51，頁42～43。
〔註53〕陳啓天，《增定韓非子校釋》（臺北：臺灣商務印書館，1994年11月），頁76。

在此強調了法令為一切賞罰的標準，同時也是人臣運用以治理人民之工具。至於術，即統治的方法，為君主責成臣下行法的要具，《韓非子》對術的解釋為：

> 因任而授官，循名而責實，操殺生之柄，課群臣之能者也：此人主之所執也。〔註54〕

可見「術」不同於公開的「法」，它是隱蔽的，是統治者所玩弄的政治手段，近於一種陰謀。所謂勢，即權勢，指統治者的權力，必須絕對專屬於君主。慎到強調權勢在治理國家、統治人民中起著重要的作用：

> 故賢而屈於不肖者，權輕也；不肖而服於賢者，位尊也。〔註55〕

集法、術、勢之大成者為韓非，他認為要使國家富強，必須同時結合法、術、勢三者的運用。這一套專制獨裁的理論，視人民如草芥，只知用法術來統馭臣民而不重教化，即使能收一時之效，卻非長治久安之計，是故《法言》對法家提出了強烈的批判。

揚雄抨擊法家，是從它以嚴刑對待人民入手，《法言・問道》曰：

> 申、韓之術不仁之至矣，若何牛、羊之用人也，若牛、羊用人，則狐狸、螻蚓不腰臠也與？或曰：刀不利、筆不銛，而獨加諸砥，不亦可乎？曰：人砥則秦尚矣。〔註56〕

申不害及韓非均是法家代表人物，故《法言》以申、韓並稱來概括法家思想。揚雄在此指責申、韓之術用酷刑於人，是將人當做牛、羊般驅使，若是申、韓之法行，則必定人死甚多，屍相枕籍，狐狸、螻蚓便能食其肉，如同一般人逢歲終的祭祀，得以酒食醉飽。這是從儒家的中心思想——仁為出發點來說的。接著揚雄再承申、韓不仁之至加以發揮，設問道：「刀不利，筆不銛，而獨加諸砥」，古者官吏以刀筆決法，故以此譬喻若刀筆不鋒利，當以砥礪營治之，刑法不嚴苛，何不以申、韓之法增益？揚雄回答「人砥則秦尚矣」，「人砥」即用人為砥，意指法家的嚴刑對待人民，就如同刀割肉，以人為砥，其殘酷是可想而知的。揚雄在此又一次的強調法家的酷刑蹂躪人民的慘狀，以及他強烈的不滿。

其次，揚雄雖主張明法度，但他所指的「法度」是禮義，不同於刑罰，〈問

〔註54〕同註53。
〔註55〕慎到，《慎子・威德》（臺北：世界書局，1955年）。
〔註56〕揚雄，《法言》，卷4，頁204～205。

道〉篇曰：

> 或曰：刑名非道邪？何自然也！曰：何必刑名，圍棋、擊劍、反目、
> 眩形，亦皆自然也。由其大者作正道，由其小者作姦道。〔註57〕

> 或曰：申、韓之法非法與？曰：法者，謂唐虞、成周之法也。如
> 申、韓！如申、韓！〔註58〕

由於揚雄肯定黃、老的自然之道，故本於《史記》所言：「申子之學，本於黃、老，而主刑名」及「韓非者，韓之諸公子也，喜刑名法術之學，而其歸本於黃、老。」〔註59〕而設問：以爲法家的刑名亦有所取。但在他看來，法家的刑名只不過是殘賊人民的姦道；眞正的大道，應是聖人的禮樂之道。汪氏疏引司馬溫公注曰：「禮樂可安固萬世，所用者大；刑名可以偷功一時，所用者小。其自然之道則同，其爲姦正則異矣。」〔註60〕因此揚雄所認定的法度，必是唐虞、成周的禮義之法，至於申、韓之法，又豈能稱爲眞正的法呢？

最後揚雄對於韓非子所作〈說難〉一文，亦有所批評，〈問明〉：

> 或問：韓非作〈說難〉之書，而卒死乎說難；敢問：何反也？曰：
> 說難，蓋其所以死乎？曰：何也？曰：君子以禮動，以義止，合則
> 進，否則退；確乎不憂其不合也。夫說人而憂其不合，則亦無所不
> 至矣。或曰：說之不合非憂邪？曰：說不由道，憂也；由道而不合，
> 非憂也。〔註61〕

揚雄認爲韓非作〈說難〉一文，以游說爲難而憂，這正是韓非之所以取死之因。眞正的進退原則，應以禮義爲標準，否則，就會爲了游說而言語諂佞邪媚，這是不合於大道的。

從《法言》對法家的批評中可知，揚雄所關切的焦點集中於酷刑對人民的傷害，並強調禮義的教化才是統治的正道，班固《漢書・藝文誌》論法家曰：

> 及刻者爲之，則無教化，去仁愛，專任刑法而欲以致治，至於殘害

〔註57〕揚雄，《法言》，卷4，頁207～208。
〔註58〕揚雄，《法言》，卷4，頁209～210。
〔註59〕漢・司馬遷撰、（日）瀧川龜太郎，《史記會注考證》，〈老子韓非列傳〉（臺北：萬卷樓圖書，1993年），頁853～860。
〔註60〕揚雄，《法言》，卷4，頁209。
〔註61〕揚雄，《法言》，卷6，頁317～318。

至親，傷恩薄厚。〔註62〕

主要的論點亦是在批評法家的專任刑法且無教化，這與揚雄的觀點可說是相當一致的。

2. 名　家

名家是戰國中期以後形成的思想流派。這些以察辯爲專長的人，在當時被稱爲「辯者」或「辯士」，漢代則稱之爲名家。名家從名詞、概念的分析中，探討判斷、推理等思維的規律和方法，用以駁斥論敵，論證己見〔註63〕。代表人物爲鄧析、惠施及公孫龍。《漢書·藝文志》中留有《公孫龍子》六篇，包括〈亦府〉、〈白馬論〉、〈指物論〉、〈通變論〉、〈堅白論〉、〈名實論〉。

《法言》批評名家公孫龍之言論是曲說異理，不可爲法，〈吾子〉：

> 或問：公孫龍詭辭數萬以爲法，法與？曰：斷木爲棊，挝革爲鞠，
> 亦皆有法焉。不合乎先王之法者，君子不法也。〔註64〕

所謂「詭」，汪氏疏曰：「引伸爲詐僞經典。」〔註65〕詭辭就是指那些不合於聖人經典，乖違於禮義之言，這些詭辭雖能自成一套說理而欺惑愚眾，但並不合於先王之法，是不值得君子取法的。

揚雄將公孫龍的言辭視爲如同棊、鞠之類的遊戲，這與先王唐虞、成周之言的價值相較之下，自然是微不足道的。荀子批評名家亦曰：

> 不法先王，而好治怪說，玩琦辭，辯而無用，多事而寡功，不可以
> 爲治綱紀；然而其持之有故，其言之成理，足以欺惑愚眾，是惠施、
> 鄧析也。〔註66〕

由此可看出，揚雄與荀子對名家的批評是相當一致的。

3. 縱橫家與兵家

「縱橫家」的出現，源於戰國時期七國爭雄的局勢。當時爭城奪地的兼併戰爭在彼此之間頻繁的進行著，因此產生一批專門游說於各國之間，向各國諸侯分析天下形勢，縱論生死之道以換取個人利祿的說客，這批說客被稱爲縱橫家。

〔註62〕漢·班固，《漢書》（臺北：鼎文書局，民1980年），頁1701～1784。

〔註63〕陳延斌、郭建新，《三教九流》（北京：中國文史出版社，1992年3月），頁155。

〔註64〕揚雄，《法言》，卷2，頁107。

〔註65〕揚雄，《法言》，卷2，頁107。

〔註66〕同註36，頁93～94。

　　「合縱」與「連橫」是當時兼併與反兼併的戰爭中，最著名的外交策略。所謂合縱，是指楚、趙、燕、齊、韓、魏六國地連南北成縱，聯合抵抗西方強國秦國，韓非〈五蠹〉篇中釋爲「合眾弱以攻一強也」〔註 67〕，即聯合六個國勢較弱的國家來防禦強國的兼併，此派的代表人物爲蘇秦，他靠著雄辯的口才，說服六國結成聯盟抗秦，使秦國與六國和平相處了十幾年之久。

　　所謂連橫，是指六國中若干個國家服從於秦國，韓非〈五蠹〉篇中解釋爲「事一強以攻眾弱」〔註 68〕，也就是強秦迫使六國中某幾國去進攻別國，或是跟隨強秦去進攻它國，此派的代表人物爲張儀。綜而言之，不論是蘇秦的合縱或是張儀的連橫，他們沒有自己國家民族的立場，朝秦暮楚，最大的目的不過是爲了個人的富貴與爵祿罷了。

　　因此，《法言》對於蘇秦、張儀的評論，亦是全面否定的，〈淵騫〉：

> 或問：儀、秦學乎鬼谷術，而習乎縱橫言，安中國者各十餘年，是夫？曰：詐人也，聖人惡諸。曰：孔子讀而儀、秦行，何如也？曰：甚矣！鳳鳴而鷙翰也。然則子貢不爲與？曰：亂而不解，子貢恥諸，說而不富貴，儀、秦恥諸。〔註69〕

首先，揚雄否定了蘇、張二人以游說之術使中原免於爭戰十餘年之作用，其原因在於他們的行爲乃是聖人所痛惡的狡詐之人而已。若所學爲聖人之道，則必不會如蘇、張之行。接著再進一步澄清，雖然子貢爲孔子之弟子，所習爲孔子之道，然子貢亦進行游說，並且抑齊、破吳以救魯，但由於子貢游說的目的在於解亂救國，而那些縱橫家們游說的目的是在於財祿，是故二者的出發點是不同的。

　　據此，揚雄更明白的指出，口才不是君子所重視的，〈淵騫〉：

> 或曰：儀、秦其才矣乎，迹不蹈已。曰：昔在任人，帝曰：難之，亦才矣。才乎才，非吾徒之才也。〔註70〕

揚雄否定了張儀、蘇秦二人辯才的可貴，並認爲空有雄辯口才之人，亦不過是狡詐的佞人罷了，是不足以稱之爲眞正的人才的。

〔註67〕陳啓天，《增定韓非子校釋》（臺北：臺灣商務印書館，1994 年 11 月），頁53。

〔註68〕同註 67，頁 53。

〔註69〕揚雄，《法言》，卷 11，頁 655。

〔註70〕揚雄，《法言》，卷 11，頁 662。

　　另外，《法言》對於兵家亦有深刻的批評。所謂兵家，班固《漢書‧藝文志》釋曰：「以正守國，以奇用兵，先計而後戰，兼形勢，包陰陽，用技巧者也。」〔註71〕可知兵家指的是用兵的計劃與謀略。在戰國時代因爭戰頻繁，故有專任兵法權謀之士的出現，主要乃是助諸侯能於沙場上取勝，代表人物如：吳國的孫武、齊國的孫臏、魏國的吳起等人。

　　揚雄論及兵家的重點，亦是放在仁義上，〈問道〉曰：

　　　　狙詐之家曰：狙詐之計，不戰而屈人兵，堯舜也。曰：不戰而屈
　　　　人兵，堯舜也，沾項漸襟，堯舜乎？銜玉而賈石者，其狙詐乎？
　　　　〔註72〕

汪氏疏曰：「狙詐之家者，兵權謀家也。」揚雄稱兵權謀家爲狙詐之家，可見其貶斥之意，是故他指出兵權謀家雖有不戰之名，但運用狡詐之計而屈人之兵，不合於禮義之道，而有殺人之實。因此，與其以狙詐而勝者，實不如遵從正道而敗，〈問道〉：

　　　　或問：狙詐與亡，孰愈？曰：亡愈。或曰：子將六師則誰使？曰：
　　　　御得其道，則天下狙詐咸作使；御失其道，則天下狙詐咸作敵。故
　　　　有天下者，審其御而已矣。〔註73〕

揚雄認爲要駕御六師，則必依大道，才能得天下之助。欲威震諸侯，雖不免要征伐，但無狙詐而戰，優於狙詐而戰，〈問道〉：

　　　　或問：威震諸侯，須於征與狙詐之力也，如其亡？曰：威震諸侯，
　　　　須於狙詐可也，未若威震諸侯，而不須狙詐也。或曰：無狙詐將何
　　　　以征乎？曰：縱不得不征，不有司馬法乎？何必狙詐乎？〔註74〕

在《漢書‧藝文志》中載有《軍禮司馬法》一百五十五篇，入於《禮》家，並於〈兵書略敘〉中曰：

　　　　下及湯、武受命，以師克亂而濟百姓，動之以仁義，行之以禮讓，《司
　　　　馬法》是其遺事也。〔註75〕

可見《司馬法》就是依仁義禮讓的大道來統御六師的，與孫、吳等注重權謀狙詐實有相當大的差異。

〔註71〕同註62。
〔註72〕揚雄，《法言》，卷4，頁201。
〔註73〕揚雄，《法言》，卷4，頁201。
〔註74〕揚雄，《法言》，卷4，頁201。
〔註75〕同註62。

4.墨　家

墨家在先秦時期是處於顯學地位，韓非〈顯學〉篇中曾言：「世之顯學，儒、墨也。儒之所至，孔丘也；墨之所至，墨翟也。」〔註76〕可知在當時墨家的聲望是足以與儒家抗衡的，其代表人物爲墨翟，主要的學說爲兼愛、非攻、節用、節葬及尚同、尚賢、貴義等。

墨家學派的地位，在先秦時雖顯耀一時，但由於自身學派的思想與外在環境因素，隨著時代的變遷，至漢代中期後，已逐漸湮沒無聞。因此，《法言》對於墨家的評論並不多，且是與先秦其餘諸子合而論之。〈五百〉篇中論及墨家「儉而廢禮」〔註77〕，並不合於聖人的大道。

《莊子‧天下》曾對墨子和墨家刻苦儉樸的生活作了深刻的描述：

> 今墨子獨生不歌，死不服，桐棺三寸而无槨，以爲法式。……使後世之墨者，多以裘褐爲亡，以跂蹻爲服，日夜不休，以自苦爲極。〔註78〕

可見墨子及墨家們非常強調生活的儉樸與勞苦，雖是值得肯定的，如《孟子‧盡心》曾言：「墨子兼愛，摩頂放踵，利天下而爲之。」〔註79〕然至於揚棄了生死應有的禮樂儀節，則是萬萬不可。是故揚雄對墨家的批評，與荀子在〈解蔽〉篇評墨家「蔽於用而不知文」〔註80〕、班固《漢書‧藝文志》言墨家者流「及蔽者爲之，見儉之利，因以非禮。」〔註81〕基本的立場是相同的。

（二）部分肯定，部分否定者

揚雄對諸子學說的評論中，採取了部分肯定，部分否定的態度者，包括道家的老子與莊子、陰陽家的鄒衍。

1.道　家

道家的代表人物爲老子與莊子。老子的學說主要見於《道德經》，即《老子》一書，主要的思想是以「道」爲根本，而他所謂的「道」，就是自然。揚

〔註76〕同註53，頁1。
〔註77〕揚雄，《法言》，卷8，頁419。
〔註78〕清‧郭慶藩輯，《莊子集釋》（臺北：華正書局，1991年），頁1065～1115。
〔註79〕同註27。
〔註80〕同註36，頁392。
〔註81〕同註62。

雄受其師嚴君平的影響，在《太玄》一書中取法於《老子》頗多；然而在《法言》中，他卻站在儒家的立場，對老子的部分思想提出了批評。

首先，探究揚雄對《老子》學說肯定的部分，〈問道〉篇言：

> 老子之言道德，吾有取焉耳；及搥提仁義，絕滅禮學，吾無取焉耳。〔註82〕

由引文中可知揚雄所取的乃是《老子》所言的「道德」。《老子》的「道德」，簡單而言，「道是萬物之所以從生者，德是萬物之所以是萬物者。」〔註83〕這是屬於形而上學思想的部分，然在《法言》一書中，似乎較無涉及此一層面之思想，故推測揚雄此言乃指其取法《老子》思想而作《太玄》之事。至於落實到日常生活倫理綱常時，揚雄則堅持儒家重禮樂教化的傳統，並且反駁了老子的觀點。〈問道〉言：

> 聖人之治天下也，礙諸以禮樂，無則禽，異則貉。吾見諸子之小禮樂也，不見聖人之小禮樂也。孰有書不由筆，言不由舌？吾見天常為帝王之筆舌也。〔註84〕

這段話是反駁《老子》所言：「失道而後德，失德而後仁，失仁而後義，失義而後禮。夫禮者，忠信之薄，而亂之首。」〔註85〕《老子》認為禮義是社會禍亂之首，但揚雄則認為天下能夠安定，完全依靠於禮樂的教化，若無禮樂或雖有禮樂而不同於聖人所制，則他們的一切行為將幾近於禽獸。因此揚雄比喻治理天下而不用禮樂教化，就如同無筆而書，無書而能言，是絕對不可能的。

除了不同意《老子》反禮樂的觀點外，揚雄亦反對《老子》的無為政治思想，他認為「無為之治」在唐虞、堯、舜等聖君盛世之後，繼之而起的亂世，是行不通的，〈問道〉曰：

> 或問：無為。曰：奚為哉！在昔虞夏襲堯之爵，行堯之道，法度彰，禮樂著，垂拱而視天下民之阜也，無為矣。紹桀之後，纂紂之餘，法度廢、禮樂虧，安坐而視天下民之死，無為乎？〔註86〕

揚雄認為在太平盛世之時，國家法度清明，禮樂昭著，國君自然能夠垂拱無

〔註82〕揚雄，《法言》，卷4，頁180。
〔註83〕馮友蘭，《中國哲學簡史》（臺北：藍燈文化事業，1993年），頁100。
〔註84〕揚雄，《法言》，卷4，頁192。
〔註85〕黃登山，《老子釋義》（臺北：臺灣學生書局，1991年），頁165。
〔註86〕揚雄，《法言》，卷4，頁196～197。

事，但到了後世，法度、禮樂遭受到嚴重破壞，暴君主權，怎能坐視人民困苦而不顧？因此，勢必要重振禮樂教化，才能挽救頹敗的局勢。揚雄即以此立場批評了《老子》所論：「我無為而民自化，我好靜而民自正，我無事而民自富，我無欲而民自樸。」〔註87〕的觀點。

　　同時，揚雄亦以重視禮樂教化的觀點，反對《老子》心目中理想國：「甘其食，美其服，安其居，樂其俗。鄰國相望，雞犬之聲相聞，民至老死，不相往來。」〔註88〕據〈問道〉篇言：

> 或問：太古塗民耳目，惟其見也聞也。見則難蔽，聞則難塞。曰：天之肇降生民，使其目見耳聞，是以視之禮，聽之樂。如視不禮，聽不樂，雖有民，焉得而塗諸。〔註89〕

《老子》理想國之塑造，用意在於使人民回復到如上古時代思想淳樸、生活單純的情境，這是無須禮樂教化的。但揚雄卻以為人民耳目的見聞是必然的，統治者若是閉塞人民耳目之見聞，捨去禮樂的教化，那麼人民必將散亂而不可治。因此，《老子》提出治國無須禮樂教化的觀點，是不可行的。

　　從以上《法言》對《老子》的褒貶中可知，揚雄肯定的應是其宇宙萬物生成的學說，但在政治主張上，卻以實際觀點批評了《老子》無為而治、愚民思想的不足。

　　至於《法言》對莊子的思想，亦有一番取捨。有所取的部分，是莊子的「少欲」，〈問道〉篇言：

> 或曰：莊周有取乎？曰：少欲。……。至周罔君臣之義，……雖鄰不覿也。〔註90〕

〈問神〉篇言：

> 或問：鄒莊有取乎？曰：德則取，愆則否。何謂德、愆？曰：言天、地、人、經，德也；否，愆也。愆，語君子不出諸口。〔註91〕

可知揚雄肯定了莊子「少欲」的人生修養思想，並讚同其言道德的自然哲學。另一方面，對於莊子不重視君臣倫理，及其所言違背禮義的不經之言，則是揚雄所不願見的。

〔註87〕同註85。
〔註88〕同註85。
〔註89〕揚雄，《法言》，卷4，頁198。
〔註90〕揚雄，《法言》，卷4，頁211。
〔註91〕揚雄，《法言》，卷5，頁272。

揚雄更進一步評論莊子思想，〈君子〉篇曰：

> 或曰：人有齊死生、同貧富、等貴賤，何如？曰：作此者其有懼乎？
> 信死生齊、貧富同、貴賤等，則吾以聖人爲囂囂。〔註92〕

這段話是揚雄批評《莊子‧德充符》思想中「以死生爲一條」及「死生存亡，窮達貧富，賢與不肖毀譽，飢渴寒暑，是事之變，命之行也。」〔註93〕的觀點，他認爲莊子乃是因憂慮這些困境不可避免，所以會提出如此的言論，是故加以反駁，汪氏疏引司馬溫公之言曰：「人好生惡死，苦貧樂富，重貴輕賤，乃其常情，聖人因之，以設勸沮，立政教，若信然齊等，則聖人號令、典謨，徒囂囂然煩言耳。」〔註94〕揚雄對莊子的批評，顯然是站在儒家禮樂教化的立場而說的。

2.陰陽家

陰陽家形成於戰國時期，而其主要的思想「陰陽五行」可以上溯到《易經》和〈洪範〉；「陰陽」思想主要來自於《易經》，「五行」學說則來自於〈洪範〉。陰陽家把這兩個學說結合起來，用以推衍和說明世界上萬事萬物的發展變化，預測社會的廢興存亡〔註95〕。主要的代表人物爲鄒衍。

陰陽家到了漢代，不但沒有因朝廷「獨尊儒術」而沒落，反而透過許多儒者的著作而產生極大的影響，如淮南王劉安與門客合撰《淮南子》、董仲舒所著《春秋繁露》，都雜有許多的陰陽五行的思想；司馬談〈論六家要指〉中，視陰陽家爲六個重要學派之一，即可證明陰陽五行學說在漢代的地位。因此，《法言》一方面肯定了鄒衍的部分主張，另一方面否定鄒衍五德終始的思想。

在肯定鄒衍主張的部分，〈問道〉曰：「鄒衍有取乎？曰：自持。……衍無知於地之間，雖鄰不覿也。」〔註96〕揚雄認爲鄒衍學說可取者爲「自持」及合於天、地、人經的主張，所謂「自持」，據《史記‧孟荀列傳》記載：

> 騶（鄒）衍睹有國者益淫侈，不能尚德若大雅整之於身，施及黎庶矣。乃深觀陰陽消息，而作怪迂之變，終始大聖之篇，十餘萬言。……然要其歸，必止乎仁義節儉，君臣上下，六親之施。始也

〔註92〕揚雄，《法言》，卷12，頁756。
〔註93〕同註78，頁187～223。
〔註94〕揚雄，《法言》，卷12，頁575。
〔註95〕同註63，頁202。
〔註96〕揚雄，《法言》，卷4，頁211。

濫耳。〔註97〕

可知鄒衍學說中，包括了合乎仁義節儉的原則，並且說明君臣上下六親之際，行事所施所始之緣由，能夠成爲後代的宗本。這些在揚雄眼中看來，都是值得肯定的。

另一方面，揚雄對鄒衍所主張的五德終始說提出了批評，〈重黎〉曰：

或問黃帝終始？曰：託也。昔者，姒氏治水土，而巫步多禹；扁鵲，盧人也，而醫多盧。夫欲譣僞者必假真。禹乎？盧乎？終始乎？〔註98〕

這裡所言的「終始」即鄒衍的五德終始之說。他將君王的興替以金、木、水、火、土五德傳次相承，終而復始，並將這種五德代興的源頭追溯至黃帝。這些說法在揚雄看來，都是詐僞不實的。因此他批評鄒衍「無知於天地之閒」、「迂而不信」〔註99〕，主要也是針對這一部分而言。

從以上《法言》對先秦諸子評論的分析中，可發現有許多值得注意的地方：第一：揚雄在評論各家學說的言論中，以抨擊法家爲最。而主要抨擊的焦點，集中於法家的嚴刑峻法。主要原因，在於法家的思想，透過秦朝的吸收與實踐，早已形成專制政治的主要核心，而西漢王朝的建立，又繼承下這種專制政治，以嚴刑峻法來鞏固其政權。因此，揚雄反法家、抨擊嚴刑峻法，在某種意義上就是反漢代專制統治的核心。徐復觀先生認爲：「兩漢像樣子的知識分子，幾乎沒有不反對法家的。」〔註100〕揚雄對法家嚴厲批評，無疑是最佳的例證。

第二：從《法言》對老子、莊子、鄒衍的評論裡，發現有一脈絡可循，即揚雄所肯定者，如老子的「道德」、莊子的「少欲」、鄒衍的「自持」，大都傾向於此三人的形上學或人生修養論上，一旦論及實際政治的問題，他便堅守儒家禮樂教化的立場。他對老子的批評，不曾把老子與其它諸子關連在一起，意味著揚雄實際也把老子地位提升到諸子之上；又當他把申、韓與莊周並稱時，則對申、韓多怨辭〔註101〕，如〈修身〉：

或問：人有倚孔子之牆，弦鄭、術之聲，誦韓、莊之書，則引諸門

〔註97〕同註59，頁944。
〔註98〕揚雄，《法言》，卷10，頁472～473。
〔註99〕揚雄，《法言》，卷4，頁211；卷8，頁419。
〔註100〕徐復觀，《兩漢思想史（卷一）》（臺北：臺灣學生書局，1978年），頁282。
〔註101〕同註45，頁525。

> 乎？曰：在夷貊則引之，倚門牆則麾之。〔註102〕

〈問道〉：

> 莊周、申、韓，不乘寡聖人而漸諸篇，則顏氏之子，閔氏之孫，其
> 如台。〔註103〕

這是揚雄將申、韓、莊周並稱時之口氣，顯然與單獨稱到申、韓時的嚴正深刻，大不相同。由此可看出《法言》對老、莊、鄒的態度，應是較爲和緩的。揚雄截取了他們人生修養上的思想作爲處事的資料，卻在現實政治及其他各方面以儒家自居，這與宋、明理學家極力辨析儒、道分際，不容稍有夾雜的情況，是相當不同的。

第三：《法言》批判諸子所持的基本立場，是儒家的倫理道德，如〈五百〉：

> 莊、楊蕩而不法，墨、晏儉而廢禮，申、韓險而無化，鄒衍迂而不
> 信。〔註104〕

〈問道〉篇：

> 吾見諸子之小禮樂也，不見聖人之小禮樂也。〔註105〕

揚雄認爲莊子與楊朱的言論放蕩而無涯；墨子、晏子過於強調節儉而不知禮義；申不害、韓非專任刑法，否定教化作用；鄒衍所談論者盡是荒誕而不可信之言。在此《法言》用「不法」、「廢禮」、「無化」、「不信」等詞語來批判諸子，又將聖人與諸子之不同歸諸於輕視禮樂與否，這都明顯的表現出，《法言》是以儒家的倫理道德爲批判諸子的基準。

第二節　《法言》對西漢學術之評論

　　《法言》對西漢學術的批評，主要集中於西漢的經學博士系統及儒學之雜入陰陽五行、讖緯等思想，另外，揚雄亦批評了西漢宮廷文學——漢賦。

一、對五經博士系統之批評

　　五經博士與弟子員的設置，雖建立了經學爲學術主流的地位，但也由於

〔註102〕揚雄，《法言》，卷3，頁163。
〔註103〕揚雄，《法言》，卷4，頁210。
〔註104〕揚雄，《法言》，卷8，頁419。
〔註105〕揚雄，《法言》，卷4，頁192。

師法的傳統，使學者拘於所見；因經說日繁，導致經學走向繁瑣的學風；加上朝廷導之以利祿，士人們爲了「官祿」而治經，促使了學術的庸俗化。對於這兩種現象，《法言》提出了強烈的批評。

（一）批評繁瑣之學風

《法言·學行》曰：

　　一鬨之市，不勝異意焉；一卷之書，不勝異說焉。〔註106〕

〈寡見〉曰：

　　或曰：譊譊者，天下皆說也，奚其存。曰：曼是爲也。天下之亡聖也久矣。呱呱之子，各識其親；譊譊之學，各習其師，精而精之，是在其中矣。〔註107〕

　　或問：司馬子長有言曰：五經不如老子之約也，當年不能極其變，終身不能究其業。曰：若是，則周公惑，孔子賊。古者之學耕且養，三年通一；今之學也，非獨爲之華藻也，又而繡其鞶帨，惡在老不老也。或曰：學者之說可約邪？曰：可約，解科。〔註108〕

以上三段引文，第一段引文是把當時各家經學淆亂的紛爭比喻爲喧嘩的鬧市，顯示出揚雄對此一現象的不滿。第二則引文亦批評了當時士人各習其師而眾說紛紜的情形。所謂「譊譊」，即是爭論之聲。由於對經學各有不同的見解，加上士人紛爭不休，那麼聖人之道是否會因此而被模糊，甚至不復存在？揚雄以爲「曼是爲也」，表示雖眾說紛紜，但聖人之道即存於其中，因此學者應熟思而審慎擇取，取其合於聖人之言而捨其不合者。由此可見揚雄雖抨擊當時經學的繁瑣，但並不因此而否定聖道已不復存在，他想突破的只是受博士系統所僵化的經學。第三段引文主要是指出當時學者爲文繁碎，用力於其所不必用之處，如《漢書·藝文志》所記：「說五字之文至於二、三萬言，後進彌以馳逐。」〔註109〕即揚雄所說的「繡其鞶帨」。因此，當一般人比較《老子》與經書之多寡，以爲《老子》一書簡約於五經時，揚雄認爲《老子》一書份量雖少，但若以當時人治經之法治之，則必定亦是支離瑣碎，無所窮盡了。至於要簡約經說繁瑣的方法，揚雄認爲是「解科」，即「免除以博士們所

〔註106〕揚雄，《法言》，卷1，頁44。
〔註107〕揚雄，《法言》，卷7，頁329。
〔註108〕揚雄，《法言》，卷7，頁335～336。
〔註109〕漢·班固，《漢書》（臺北：鼎文書局1980年），頁1701～1784。

繡的帨鞶，作爲考試的等第而言」。〔註110〕

　　由於揚雄對經學繁瑣的強烈不滿，對於當時儒學之師，自然是加以貶斥，〈問明〉曰：

> 或問：小每知之，可謂師乎？曰：是何師與！是何師與！天下小事爲不少矣，每知之，是謂師乎？師之貴也，知大知也，小知之師亦賤矣。〔註111〕

所謂「小知」，即是記問之學，〈學記〉云：「記問之學，不足以爲人師。」〔註112〕《法言》貶斥那些只會記誦書籍知識，卻無法教導學生言行合於禮義之師，是不足以爲人所尊敬的。這段話是揚雄針對當時博士們所說的，再如〈學行〉曰：

> 學，行之上也，言之次也，教人又其次也。〔註113〕

> 師者，人之模範也，模不模，範不範，爲不少矣。〔註114〕

前者言「教人又其次也」，包含有貶低當時博士壟斷學術的意味〔註115〕。後者則強調儒學之師應是人的模範，但大多數並非如此。這亦是斥責當時博士教授的情況。揚雄透過對經學博士的否定，表達了他對朝廷設置博士後，經學走向繁瑣之風的不滿。

（二）批評學術之庸俗化

《法言・學行》曰：

> 或曰：書與經同，而世不尚治之，可乎？曰：可。或人啞爾笑曰：須以發策決科。曰：大人之學也爲道，小人之學也爲利。子爲道乎？爲利乎？或曰：耕不穫，獵不饗，耕獵乎？曰：耕道而得道，獵德而得德，是穫饗已。吾不覩參辰之相比也，是以君子貴遷善，遷善者，聖人之徒與！〔註116〕

這裡所謂的「書」，是指五經以外之書，包括了當時未設經學博士的《論語》、《孝經》，以及諸子之書。發策射科是漢代考核經學博士弟子，獲得官職的途

〔註110〕徐復觀，《兩漢思想史（卷二）》，頁507～508。
〔註111〕揚雄，《法言》，卷6，頁277。
〔註112〕《十三經注疏》本（臺北：藝文印書館，1991年）。
〔註113〕揚雄，《法言》，卷1，頁22。
〔註114〕揚雄，《法言》，卷1，頁42。
〔註115〕同註110，頁516。
〔註116〕揚雄，《法言》，卷1，頁59。

徑。由試官將考題書之於策，即「策問」；應試者取策應答，即「發策」；「決科」是指試官根據應試者的回答而決定其等第。《史記‧儒林傳序》司馬貞《索隱》：「如淳云：漢儀，弟子射策甲科百人，補郎中；乙科二百人，補太子舍人，皆秩比二百石，次郡國文學，秩百石也。」〔註117〕揚雄在此點出當時人以利祿爲求學之動機的情形，同時也表達了強烈的不滿，故將這股庸俗學風稱之爲「小人之學」。

〈寡見〉曰：

> 吾寡見人之好假者也。邇文之視，邇言之聽，假則偭焉。或曰：曷若茲之甚也，先王之道滿門。曰：不得已也，得已則已矣，得已而不已者，寡哉！〔註118〕

「假」即「遐」，有遠大之意。揚雄認爲當時士人只鑽研當前策試所需之書，重視閭里小知之說，至於眞正的遐遠聖道卻不予理會。探究原因，揚雄認爲雖然當時人人皆奮力求學，誦詩讀書之聲充溢於書塾中，但其眞正的目的，卻是爲了通過策試，獲取一官半職罷了。因此，若是此書非策試所需，則士人必不研讀；一旦考取功名，則必將棄其舊日所習。針對這樣的情況，無怪乎揚雄會感嘆士人不爲利祿而去學習聖人之道者太少了。

從以上分析可知《法言》對當時士人爲了利祿而治學的風氣相當不滿，同時也憂心這樣的風氣，已使得眞正的儒學聖道被人們逐漸遺忘，這是他們所不願意看到的。

二、對儒學性質蛻變之批評

儒學雖爲漢代學術主流，但由於受到了當時陰陽五行、讖緯神怪諸說的影響，西漢末年的學術思想，已經充滿了各種荒誕異說，而儒學性質也由此產生了改變：以陰陽災異說經之儒者，比比皆是；假讖緯符命、災異怪誕之論者，更是不勝枚舉，在這樣的學術環境裡，揚雄爲維護原有儒學面貌，對這些現象進行了批評。

（一）批評無驗證之說

揚雄主張「無驗而言之謂妄」，對於沒有驗證的傳說，皆視爲是虛妄，〈問神〉曰：

〔註117〕漢‧司馬遷撰、（日）瀧川龜太郎，《史記會注考證》，頁1288。
〔註118〕揚雄，《法言》，卷7，頁323。

> 君子之言，幽必有驗乎明，遠必有驗乎近；大必有驗乎小，微必有
> 驗乎著，無驗而言之謂妄，君子妄乎？不妄。〔註119〕

這表示揚雄認為，無論各種言論都必需要有相對應的事實與經驗，以驗證為
真，若是無驗證者便是虛妄。因此，他批評了古代堯要將帝位禪讓給許由這
件事，只是一個被誇大了的傳說，〈問明〉曰：

> 或問：堯將讓天下於許由，由恥，有諸？曰：好大者為之也。顧由
> 無求於世而已矣。允喆堯僝舜之重，則不輕於由矣，好大累克巢父
> 瀆耳，不亦宜乎？靈場之威宜夜矣乎。〔註120〕

揚雄認為許由只是一個無所求於世的隱者，從堯將帝位禪讓予舜的審慎經過
來看，可知堯怎可能輕率地將天下讓予許由呢？因此，這個傳說必定是後人
為了凸顯許由的隱者身份而誇大其辭；至於巢父臨池洗耳之事，亦是如此。
是故揚雄將傳言之妄比喻為「靈場之威」，僅限於在夜晚發生威赫作用；而傳
言之妄，只能對那些庸愚之人發生影響罷了。

另外，《法言》雖極推崇孟子，但對於《孟子・公孫丑》所言「五百年必
有王者興」〔註121〕，亦根據事實而提出了駁斥，〈五百〉曰：

> 或問：五百歲而聖人出，有諸？曰：堯、舜、禹，君臣也而竝；文、
> 武、周公，父子也而處；湯、孔子數百歲而生。因往以推來，雖千
> 一不可知也。〔註122〕

從堯、舜、禹、湯、文、武、周公至孔子幾位聖人出現的時間間隔來看，便
可知道孟子之說並不是正確的觀念。

（二）批評五德終始之說

《法言》批評了先秦以來依據天文星象而預測吉凶之事的迷信，〈五百〉
曰：

> 或問：聖人占天乎？曰：占天地。若此則史何異？曰：史以天占人，
> 聖人以人占天。〔註123〕

> 或問：星有甘、石，何如？曰：在德不在星。德隆則晷星，星隆則

〔註119〕揚雄，《法言》，卷5，頁246。
〔註120〕揚雄，《法言》，卷6，頁311。
〔註121〕同註112。
〔註122〕揚雄，《法言》，卷8，頁371。
〔註123〕揚雄，《法言》，卷8，頁396。

　　　　暴德也。〔註124〕

前一則主要是說明聖人與史官之不同，乃在於聖人是依人事而知天意；史
官則是觀天象來測人事。後一則是強調統治者應以聖人之德為治國之本。
所謂「甘、石」，是先秦時代二位善於觀天文之人；「晷」，在此則有推測之
意。揚雄認為國君應該重視的是以德治民，而不是從天文星象來推測治民之
法。

　　對於董仲舒所宣揚的「雩祭求雨」的迷信活動，《法言》亦予以批判，〈先
知〉曰：

　　　　象龍之致雨也，難矣哉！曰：龍乎？龍乎？〔註125〕

據《春秋繁露·求雨》中載有以土龍致雨之事，《新論》亦云：「劉歆致雨，
具作土龍，吹律及諸方術無不備設。」〔註126〕可知當時這一類的活動頗為盛
行，但在揚雄看來，這種求雨之術是作偽且不可能有驗證的，他從根本上否
定了意志之天顯露以降雨的神學目的論〔註127〕。因此，當時所盛行的災異之
說，是不須要重視的，〈孝至〉曰：

　　　　或曰：聖人事異乎？曰：聖人德之為事，異亞之。故常修德者本也，
　　　　見異而修德者末也。本末不修而存者，未之有也。〔註128〕

這段話中，揚雄雖沒有正面否定災異，然而他強調修德才是一切之根本，無
疑是否定了那些以災異為行事指導原則的人。

　　至於《法言》批評五德終始之說，於前文亦曾提及，如〈重黎〉：「或問
黃帝終始，曰：託也。……夫欲讎偽者必假真。」〔註129〕他認為關於黃帝終
始的說法，根本只是假託而已，並非事實；所謂「欲讎偽者必假真」，「讎」
即售，意即這些終始之說、巫醫之行，皆是虛妄之談而已。

（三）批評讖緯神怪之說

　　關於所謂的先知或預言，揚雄認為並非異術，只是能夠見微而知著而已，
〈先知〉曰：

〔註124〕揚雄，《法言》，卷8，頁397。
〔註125〕揚雄，《法言》，卷9，頁448。
〔註126〕漢·桓譚，《新論》（臺北：臺灣中華書局，1966年）。
〔註127〕鄭萬耕，〈揚雄無神論思想的幾個範疇〉，《中國哲學史研究》，1984年第四
　　　　期，頁44～47。
〔註128〕揚雄，《法言》，卷13，頁793。
〔註129〕揚雄，《法言》，卷10，頁472～473。

> 先知其幾於神乎，敢問先知。曰：不知。知其道者其如視，忽眇緜
> 作眴。〔註130〕

這段話說明了聖人之所以能先知如神，正如同以目視物般。汪氏疏云：「善用明者，察秋毫之末；善用知者，見幾爲之萌，其理一也。」〔註131〕可見「先知」並非是任何神秘異術，而是善於運用知能罷了。

〈淵騫〉曰：

> 樗里子之知也，使知國如葬，則吾以疾爲著龜。〔註132〕

「疾」爲樗里之之名，樗里子爲秦相，生前無所益於國，僅於死前預言當有天子之宮夾其墓；至於漢興，長樂宮在其東，未央宮在其西，果如樗里子之所言。這件事在揚雄看來，並不足以稱爲智者之爲。倘若樗里子眞能預知國事如同預知死葬之事，那麼怎可能毫無聞悉其政績，而獨以知葬之事爲後人所知？

對於神秘怪誕之事，揚雄是完全不予承認的，〈重黎〉曰：

> 或問：趙世多神，何也？曰：神怪茫茫，若存若亡，聖人曼云。
> 〔註133〕

〈君子〉曰：

> 或問：人言仙者，有諸乎？吁！吾聞處羲、神農歿，黃帝、堯、舜
> 殂落而死，文王畢，孔子魯城之北，獨子愛其死乎？非人之所及也，
> 仙亦無益子之彙矣。〔註134〕

由於神怪沒有明確的證驗，因此聖人是不談論的。《法言》這種精神一方面可說是延續了《論語・述而》：「子不語怪、力、亂、神。」〔註135〕之思想，另一方面也凸顯了揚雄強調實事證驗的態度。同時，他亦不認同有所謂長生不死的神仙，以爲自古以來，無論任何人終須一死，又怎會有老而不死的神仙？因此，對於那些以吹噓神仙之事而惑眾者，揚雄視之爲「囂囂」，〈君子〉曰：

> 或問：世無仙則焉得斯語？曰：語乎者，非囂囂也與？惟囂囂能使

〔註130〕揚雄，《法言》，卷9，頁423。
〔註131〕揚雄，《法言》，卷9，頁424。
〔註132〕揚雄，《法言》，卷11，頁632。
〔註133〕揚雄，《法言》，卷10，頁487。
〔註134〕揚雄，《法言》，卷12，頁762。
〔註135〕同註112。

無爲有。〔註136〕

「囂囂」，是指那些方士虛妄之言，也只有這許許多多的虛妄之言，才會使人誤以爲眞有神仙之存在。

據此，《法言》指出有生有死乃是必然規律，〈君子〉曰：

有生者必有死，有始者必有終，自然之道也。〔註137〕

揚雄認爲形軀生命的起始與終結是自然的規律，是無法延長的，唯一能夠延長的是個人修習聖人之德，以求精神之不朽，〈君子〉曰：

或問：壽可益乎？曰：德。曰：回、牛之行，德矣！曷壽之不益也？

曰：德故爾。如回之殘，牛之賊也，焉得爾？曰：殘賊或壽。曰：

彼妄也，君子不妄。〔註138〕

一般人以長生爲壽，而聖人則以精神不朽爲長壽，如顏回、冉伯牛有德，是故能夠不朽。所謂殘賊，據《孟子・梁惠王》：「賊仁者謂之賊，賊義者謂之殘。」〔註139〕殘賊之人即是不仁不義者。這種人即使身軀性命得以長壽，亦只是倖免而已，這並非眞正君子所企求的。

從以上《法言》的批評可看出，揚雄對當時那些荒誕不經的異說相當不滿，〈君子〉曰：

或曰：甚矣！傳書之不果也。曰：不果則不果矣，又以巫鼓。

〔註140〕

揚雄感嘆當時傳記之書不但失實，又從而誣妄鼓煽人民；因此，在他看來，漢代學術雖標榜以儒學爲主流，但並無孔學之實，也就是所謂「羊質而虎皮」，〈吾子〉曰：

或曰：有人焉，自云姓孔而字仲尼，入其門，升其堂，伏其几，襲其裳，則可謂仲尼乎？曰：其文是也，其質非也。敢問質？曰：羊質而虎皮，見草而說，見豺而戰，忘其皮之虎矣。〔註141〕

以「羊質而虎皮」來比喻當時的儒學性質，不但清楚的說明了當時的儒學概況，同時亦傳達了揚雄重視儒學本質，欲回復儒學本質的企圖心。

〔註136〕揚雄，《法言》，卷12，頁762。
〔註137〕揚雄，《法言》，卷12，頁768。
〔註138〕揚雄，《法言》，卷12，頁766。
〔註139〕同註112。
〔註140〕揚雄，《法言》，卷12，頁749。
〔註141〕揚雄，《法言》，卷2，頁118。

三、對漢賦之批評

揚雄是漢賦大家之一，早年曾經創作過不少辭賦，據〈吾子〉中所言：

> 或問：吾子少而好賦。曰：然。童子彫蟲篆刻，俄而曰：壯夫不爲
> 也。〔註 142〕

可知揚雄視作賦如同書體中之蟲書、刻符，爲之者勞力甚多，然而施之於實用者甚寡，這種只能算是小技，而不能爲大道，因此日後他便不再從事辭賦的創作了。這段文字透露出《法言》對漢代宮廷文學——「漢賦」的批評，同時亦可知《法言》中所見之賦論，應爲其晚年之見解。

他認爲辭賦的功能，應在於諷諫，《漢書·揚雄傳》曰：

> 雄以爲賦者，將以風之，必推類而言，極麗靡之辭，閎侈鉅衍，競
> 於使人不能加也。既迺歸之以正，然覽者已過矣。往時武帝好神仙，
> 相如上〈大人賦〉以風，帝反縹縹有陵雲之志，繇是言之，賦勸而
> 不止，明矣。又頗似俳優淳于髡、優孟之徒，非法度所存，賢人君
> 子詩賦之正也，於是輟不復爲。〔註 143〕

揚雄不再作賦，主要的原因除了賦者「頗似俳優」的地位之外，更重要的是由於辭賦的諷喻功能已經喪失，徒留下「極麗靡之辭」、「閎侈巨衍」的形式，是毫無價值的，〈吾子〉曰：

> 或曰：賦可以諷乎？曰：諷乎！諷則已；不已，吾恐不免於勸也。
> 〔註 144〕

《法言》是以儒家對文學之要求來論辭賦的，所謂「諷」，就是透過作品的描繪、敘述與議論，而對時君所施行的政教起警戒、勸告的作用〔註 145〕。但當時賦的表現手法，是以極力鋪陳誇飾爲主，如此會使觀者將注意力轉移至那些渲染誇張的詞藻，反而忽略甚至無視於作者寄託的諷喻。這就貶低了作品的價值，從而賦作成爲君主享樂、助長君王侈心的工具了。

從《法言》對漢賦的評論可知，其看待辭賦家的態度，亦是以儒家的角度爲出發，〈吾子〉曰：

> 或問：景差、唐勒、宋玉、枚乘之賦也，益乎？曰：必也淫。淫則

〔註 142〕揚雄，《法言》，卷 2，頁 81。
〔註 143〕同註 109，頁 3513～3587。
〔註 144〕揚雄，《法言》，卷 2，頁 81。
〔註 145〕鄭文，〈對揚雄生平與作品的探索〉，《史文》第 24 輯（1985 年 4 月）。

　　奈何？曰：詩人之賦麗以則，辭人之賦麗以淫。如孔氏之門用賦也，

　　則賈誼升堂，相如入室矣。如其不用何？〔註146〕

這裡批評了景差、唐勒、宋玉、枚乘等人的辭賦，都屬於「極麗靡之辭」、「閎
侈鉅衍」的「辭人之賦」，相對於「詩人之賦」，一為淫，即誇飾過實之意；
一為則，即發乎情、止乎義者，如前文所引「法度所存，賢人、君子詩賦之
正也」。因此，揚雄認為「麗以淫」的「辭人之賦」，也就是當時的漢賦，對
於聖人之道是毫無裨益的。

第三節　《法言》對歷史人物之評論

　　揚雄寫作《法言》的動機之一是據《春秋》以補正《史記》的缺失，除
了在〈重黎〉、〈淵騫〉兩篇中，針對先秦、秦、以及漢代的歷史人物共約百
餘人做了廣泛的評論之外，亦論及秦、楚、漢三朝的興亡更迭，從這些評論
中，反映了他對歷史的見解。

一、評論朝代迭興

（一）論秦朝之興起

〈重黎〉曰：

　　或問：六國竝其已久矣，一病一瘳，迄始皇三載而成，時激，地保，

　　人事乎？曰：具。請問事？曰：孝公以下彊兵力農以蠶食六國，事

　　也。保？曰：東溝大河，南阻高山，西采雍、梁，北卤涇垠，便則

　　申，否則蟠，保也。激？曰：始皇方斧，將相方刀，六國方木，將

　　相方肉，激也。〔註147〕

揚雄認為秦始皇能夠兼有天下之因，乃在於「時激」、「地保」、「人事」三者
並具之故。所謂「激」，即「憿」，《說文》：「憿，幸也。」〔註148〕則「時激」
為天幸之意，指的是六國君臣皆軟弱無能，而所遇秦君臣有剛強之資，因而
任憑其斬罰割宰，則所謂「時激」，事實上仍是人為因素。「地保」即指地險，
足以保固疆土；「人事」則指秦朝變法強兵之事。換言之，秦朝之所以能兼并

〔註146〕揚雄，《法言》，卷2，頁88。

〔註147〕揚雄，《法言》，卷10，頁503。

〔註148〕漢・許慎撰，清・段玉裁注，《說文解字注》（臺北：黎明文化事業，1991年），
　　　　頁515。

天下，乃因天時、地利，人和之便。

此外，《法言》認爲周亡秦興之故，除了秦朝佔有諸多有利因素之外，亦由於周室王朝積弱不振，如〈重黎〉曰：

> 或問：秦伯列爲侯衛，卒吞天下，而赧曾無以制乎？……昔者（秦）襄公始僭西畤以祭白帝，文、宣、靈宗，興鄜、密上下用事四帝，而天王不匡，反致文武胙。〔註149〕

在此指出當時周平王、惠王、威烈王、顯王等君主已無力制止秦襄公、文公、宣公、靈公僭越禮節，表示周室之衰非一朝一夕，而是已累積數世之久。

因此，《法言》雖痛斥秦以不道而興，但對於周朝積弱而誘使秦可侵，亦不苟同，〈淵騫〉曰：

> 周之順、赧以成周而西傾，秦之惠文、昭襄以西山而東并，孰愈？
>
> 曰：周也羊，秦也狼。然則狼愈與？曰：羊狼一也。〔註150〕

揚雄認爲「侵暴他人是罪惡，自己孱弱以誘人的侵暴，也是罪惡」〔註151〕，這一觀點，是相當特出的。以往學者在評斷周亡秦興這段歷史時，通常把焦點集中於秦朝的殘暴虐政，反而忽略了周室積弱，使各個諸侯有機會竄起的問題。從上引述的這段話中，顯示揚雄在朝代興亡更迭的考察上有較爲全面的觀照。

（二）論秦、楚之敗亡

〈重黎〉曰：

> 或問：秦、楚既爲天典命矣，秦繼灞上，楚分江西，興廢何速乎？
>
> 曰：天胙光德而隕明忒。……若秦、楚彊閱震撲，胎藉三正，播其虐於黎苗，子弟且欲喪之，況於民乎？況於鬼神乎？廢未速也。
>
> 〔註152〕

這裡指出秦、楚急速敗亡之因，是在於失德，一方面只顧著忿爭撲擊，蹂躪眾民；一方面廢棄了天、地、人之正道，因此加速了其覆亡。《法言》認爲國祚興衰長久與否，在於修德，若僅藉狡詐、武力而兼有天下，是不足觀的，如〈寡見〉曰：

〔註149〕揚雄，《法言》，卷10，頁515。
〔註150〕揚雄，《法言》，卷11，頁634。
〔註151〕徐復觀，《兩漢思想史（卷二）》，頁536。
〔註152〕揚雄，《法言》，卷10，頁538。

齊桓、晉文以下至於秦，兼其無觀已。或曰：秦無觀，奚其兼？曰：

所謂觀，觀德也。如觀兵，開闢以來未有秦也。〔註153〕

如果依賴武力足以治國，則自古以力爭得天下者，莫過於秦，然秦覆亡之速，亦可證明武力、詐偽不足爲治國之資。

失德之政權，將造成天下土崩瓦解，即使擁有如周公之材，亦無所復陳其巧，故〈重黎〉曰：

或問：義帝初矯，劉龕南陽，項救河北，二方分崩，一離一合，設得人如何？曰：人無爲秦也，喪其靈久矣。〔註154〕

（三）論漢朝之興起

〈重黎〉曰：

或問：嬴政二十六載，天下擅秦，秦十五載而楚，楚五載而漢。五十載之際而天下三擅，天邪？人邪？曰：具。……有漢創業山南，發迹三秦，追項山東，故天下擅漢，天也。人？曰：兼才、尚權、右計、左數、動謹於時，人也。天不人不因，人不天不成。〔註155〕

《法言》以「天」、「人」來論六國、秦、楚、漢各朝興亡之因，文中所說的「天」，是指歷史發展中由人的活動所造成的現實局面和必然趨勢，「人」是指各項人爲因素，包括總攬天下之英才，善用權謀，掌控局勢，使其不離計數之中……等。據汪榮寶疏曰：「此章之旨在正史公之失，……史公以爲（漢）高祖之興，專由天授，意存譏訕；子雲則以爲天命、人事兼而有之也。」〔註156〕可知揚雄論漢代之興起，歸納於天命與人事，主要是針對太史公的論點而發。徐復觀先生認爲：史公在《史記》中之所謂天，乃指不能以行爲因果法則作合理解釋的情勢而言，實同於一般所說的命運，乃至於今日所謂「歷史地偶然」〔註157〕。然揚雄則以「人事活動」爲天，並企圖以此正太史公之失，實有不妥。

〈重黎〉曰：

或問：楚敗垓下方死。曰：天也。諒乎？曰：漢屈群策，群策屈群

〔註153〕揚雄，《法言》，卷7，頁352。
〔註154〕揚雄，《法言》，卷10，頁543～544。
〔註155〕揚雄，《法言》，卷10，頁526～527。
〔註156〕揚雄，《法言》，卷10，頁535。
〔註157〕同註151，頁532。

力。楚憝群策而自屈其力。屈人者克，自屈者負，天曷故焉。〔註158〕
此文論及楚亡漢興之故，乃在於能否群策群力，漢高祖能善用人爲力量，即
前文所說的「兼才、尙權、右計、左數」，因此能克敵致勝，相對於項羽剛愎
自用，可知楚、漢之興亡，實已見徵兆。

二、品評歷史人物

《法言》所品評的歷史人物相當多，除了之前曾論及的先秦諸子之外，
還包括了戰國時代人物，秦朝時大臣名將，以及諸多漢朝社稷之臣，在這些評
論中，有許多議論雖無不當，然亦無深意〔註159〕。此外，亦有少部分觀點與
《史記》相同〔註160〕，但更多看法是與史公不同，呈現了揚雄特有的見解。

（一）先秦歷史人物

〈重黎〉曰：

> 或問：子胥、種、蠡孰賢？曰：胥也，俾吳作亂，破楚入郢，鞭尸、
> 藉館，皆不由德，謀越諫齊不式，不能去，卒眼之。種、蠡不疆諫
> 而山棲，俾其君詘社稷之靈而童僕，又終斃吳，賢皆不足邵也。至
> 蠡策種而遁，肥矣哉。〔註161〕

《法言》批評伍子胥、文種、范蠡皆不足以稱賢，唯獨稱許范蠡留書予文種，
功成身退一事。汪氏疏曰：「胥助光弑僚，是不仁也；報仇過當，是無禮也；
諫不用而不去，是不智也；死而疾視吳亡，是不忠也。此胥之不賢不足美也。」
又曰「種、蠡知伐吳之不利，不力阻而致敗，是無斷也；使句踐隸於吳，是
無恥也；以陰謀亡吳，是不義也。此種、蠡之賢之不足美也。」〔註162〕這是
揚雄對此此三人所作所爲的批評。這些負面的批評，與《史記》大異其趣：
太史公特爲伍子胥立傳，並讚美其人，〈吳子胥列傳〉：「弃小義，雪大恥，名

〔註158〕揚雄，《法言》，卷10，頁536。
〔註159〕如徐復觀先生認爲〈重黎〉：「或問交。曰：仁」一條，論及張耳、陳餘及竇
嬰、灌夫的交誼問題，無深意。「或問臣自得」、「自失」條，論石慶、金日磾，
張安世、丙吉爲自得，以李廣利、田廣明、韓延壽、趙廣漢爲自失，議論未
嘗不當，然皆無關鴻鉅。〈淵騫〉：「或問近世名卿」條，舉張釋之、雋不疑、
尹翁歸、王尊等一節以當之，此皆無關鴻鉅。同註151，頁535～540。
〔註160〕如徐復觀先生認爲〈淵騫〉：「魯仲連蕩而不制」條及「或問鄒陽」條，對兩
人的批評，與史公在〈魯仲連鄒陽列傳〉中的觀點不相出入。〈重黎〉：「或問
馮唐面文帝」一條，與史公的態度，大抵相同。同註151，頁534～536。
〔註161〕揚雄，《法言》，卷10，頁491～492。
〔註162〕揚雄，《法言》，卷10，頁498。

垂於後世。……故隱忍就功名，非烈丈夫，孰能致此哉！」〔註163〕〈越王句踐世家〉並稱許「范蠡三遷，皆有榮名，名垂後世。」〔註164〕揚雄對於這三人的評論，單純的取決於其主觀的思想系統，即以自己的思想爲最高標準，因此他會譏伍子胥「不由德」，這與太史公融合了時間、空間及人事情態所撰寫出的《史記》，自然大不相同。

再如〈淵騫〉曰：

> ……軻？爲丹奉於期之首，燕督亢之圖，入不測之秦，實刺客之靡也，焉可謂之義也。〔註165〕

《法言》批評荊軻刺秦王，並非眞爲君主之危難，只能算是一般刺客之爲，因此斥其「焉可謂之義也」。同時視荊軻實乃一大盜，〈淵騫〉曰：「若荊軻，君子盜諸。」〔註166〕可見其對荊軻的評價是相當低的。而《史記・刺客列傳》則讚美荊軻：「自曹沫至荊軻五人，此其義或成，或不成，然其立意較然，不欺其志，名垂後世，豈妄也哉。」〔註167〕這是太史公從先秦時期複雜的政治情境、人事糾結中，來評論荊軻的所做所爲，故美其「不欺其志，名垂後世」。而揚雄則從既有的仁義角度來論斷，單就荊軻的行爲價值提出批評。

（二）秦朝歷史人物

〈重黎〉曰：

> 或問：陳勝、吳廣。曰：亂。曰：不若是，則秦不亡。曰：亡秦乎，恐秦未亡而先亡矣。〔註168〕

對於率先揭竿起義以抗秦的陳勝、吳廣，《法言》斥其爲「亂」，意即言二人只是首亂者，非有高才遠謀。而《史記》特設〈陳涉（勝）世家〉一篇，以表示重視其人的歷史意義，文中言：「陳勝雖已死，其所置遣侯王將相，竟亡秦。由涉首事也。」〔註169〕可知太史公對於陳、吳二人之行，是予以高度肯定的。揚雄與太史公之觀點，是截然不同的。

〔註163〕漢・司馬遷撰、（日）瀧川龜太郎，《史記會注考證》，頁875。
〔註164〕同註163，頁673。
〔註165〕揚雄，《法言》，卷11，頁648。
〔註166〕揚雄，《法言》，卷11，頁622。
〔註167〕同註163，頁1033。
〔註168〕揚雄，《法言》，卷10，頁500。
〔註169〕同註163，頁771。

又如〈淵騫〉曰：

> 秦將白起不仁，奚用爲也。長平之戰，四十萬人死，蚩尤之亂，
> 不過於此矣，原野猒人之肉，川谷流人之血，將不仁，奚用爲。
> 〔註170〕

《法言》批評白起爲「不仁」。主要的理由乃在於長平一役中，秦國用計謀使趙國以趙括代廉頗爲將領，趙括受奸計而戰敗，秦將白起誅屠四十餘萬之眾，血流成河。揚雄認爲將相主要是爲救亂誅暴，而非如白起誅殺數十萬眾民，故不足以任將相。在《史記》中，太史公則從白起擅於謀略的角度來評論，〈白起王翦列傳〉記載白起：「料敵合變，出奇無窮，聲震天下。」此又是揚雄與太史公二人觀點不同之一例。

（三）漢朝歷史人物

〈重黎〉曰：

> 或問：季布，忍焉可爲也？曰：能者爲之，明哲不爲也。或曰：當
> 布之急，雖明哲之如何？曰：明哲不終項仕，如終項仕焉攸避？
> 〔註171〕

季布曾爲楚項羽之大將，在漢興之初，一度困迫爲奴，後再受漢朝重用爲將。《法言》認爲季布非明哲之人，因明哲者必能瞭解項羽終不可輔而去之，而季布則終仕項羽，故當項羽敗死之際，實毋需避死。揚雄對於季布的批評，完全是以其思想系統爲出發點；而《史記》之批評則不同，〈季布欒布列傳〉曰：「以項羽之氣，而季布以勇顯於楚，身屨典軍搴旗者數矣，可謂壯士。然至被刑戮，爲人奴而不死，何其下也，彼必自負其材，故受辱而不羞，欲有所用，其未足也，故終爲漢名將。」〔註172〕從這段話中可看出，太史公對於季布之用心，頗爲肯定，蓋或緣由於史公自身之遭遇，故借以述其隱忍苟活，以成史書之意。

《法言》除了廣泛地評論了漢代歷史人物之外，亦針對《史記》中酷吏、貨殖、循吏、游俠、佞幸等列傳提出其觀點，〈淵騫〉曰：

> 酷吏。曰：虎哉！虎哉！角而翼者也。貨殖。曰：蚊。曰：血國三
> 千，使捽踵飲水，褐博，沒齒無愁也？或問：循吏。曰：吏也。游

〔註170〕揚雄，《法言》，卷11，頁644。
〔註171〕揚雄，《法言》，卷10，頁590。
〔註172〕同註163，頁1119～1120。

　　俠。曰：竊國靈也。佞幸。曰：不料而已。〔註173〕

揚雄認為酷吏是不仁之人而得勢位，正如同虎之得角翼；循吏則為奉職循理之吏；貨殖之徒索天下脂膏而自肥，猶如喙人而求生之蚊蟲般；而游俠則為竊殺生之權者；至於佞幸，則感嘆其機亂朝政，史籍雖早有所載，然君主仍不悟及此。揚雄這些觀點，與太史公所論頗有不同，其中以評論貨殖及游俠為最。太史公以為工商業的發展是歷史發展的必然趨勢，〈貨殖列傳〉中說：「農而食之，虞而出之，工而成之，商而通之。」〔註174〕工商業的發展，實有助於社會經濟的成長，以今日眼光來看，漢代太史公能有此議論，可說是相當進步的。但揚雄則以「貨殖。曰：蚊。」一語抹煞了《史記・貨殖列傳》中所記載人物之價值，視工商業者為社會剝削者，這是他以傳統重農的觀念來看待貨殖人物，其觀照的角度只聚焦於歷史的某一點；而太史公則從歷史全面發展的角度來評論，這可是史學家之鉅眼。至於游俠，《史記・游俠列傳》曰：「而布衣之徒，設取予然諾，千里誦義，為死不顧世，此亦有所長，苟非而已也，故士窮窘而得委命，此豈非人之所謂賢豪閒者邪。」〔註175〕太史公盛讚游俠重承諾，救人緩急，是社會中不可忽視的勢力；相對於揚雄否定游俠價值，是截然不同的。

　　從以上分析《法言》對朝代迭興及歷史人物之評論來看，可知揚雄對歷史的見解，往往僅按其儒家思想系統為品評依據，且所觀照的歷史事件通常只單就事件本身來批評；對於歷史的全面考察，包括時代環境、政局氛圍等因素，是較欠缺的。而在《法言》中所呈現與《史記》截然不同的觀點，正可看出一思想家與史學家對歷史的不同看法，徐復觀先生言：「哲學家常看不起史學家，因為他們只看得起歷史中的某一點，而看不起歷史中的全面。」〔註176〕雖然《法言・重黎》亦曾讚揚《史記》為「實錄」〔註177〕，且在〈君子〉中認為「聖人將有取焉」〔註178〕，但揚雄似乎並不能真正了解太史公評價史事的用心所在，他所把握的歷史，是片段而生硬的歷史，無法像太史公那樣掌握具體且活躍的歷史脈動。

〔註173〕揚雄，《法言》，卷11，頁680。
〔註174〕同註163，頁1354。
〔註175〕同註163，頁1318。
〔註176〕同註151，頁529。
〔註177〕揚雄，《法言》，卷10，頁614。
〔註178〕揚雄，《法言》，卷12，頁746。

第四節　《法言》對王莽政權之評論

　　揚雄對歷史人物批評的背後，除了反應出他對歷史的見解外，也潛藏了他對其所處時代的評價。揚雄身歷西漢與新莽二朝，在王莽取得政權後，雖仍仕宦於新莽政權之下，然在《法言》中，卻隨處可見其諷刺王莽之言。清俞樾曾言《法言》中〈重黎〉篇「雖論古人，實寓時事。」〔註179〕汪榮寶亦言：「《法言》借論古以寓刺時。」〔註180〕可知《法言》中確實寓有評論當時新莽之意。

一、批評王莽政權之取得

　　對於王莽之所以能取得西漢政權，《法言》以爲全憑詐僞而篡得，故屢次於文中託秦以刺莽，如〈寡見〉篇「齊桓、晉文以下至於秦」條，字面上的意思是批評秦朝，汪氏疏曰：「秦之得天下由於力征，而不由於德，以比莽之得天下由於詐取，而不由於道。」〔註181〕〈重黎〉篇：「或問陳勝、吳廣？……恐秦未亡而先亡矣」條，汪氏疏曰：「秦亦謂莽也。」〔註182〕又「或問秦、楚既爲天典命矣……廢未速也」條，汪氏疏曰：「此言莽之惡逆，滅絕正道，必無饗國久長之理，託秦、項爲喻耳。」〔註183〕俞氏亦言：「蓋爲王莽發也。」〔註184〕大體而言，揚雄無法苟同王莽取得權位的方式，他認爲王莽是以詐取，而非正道。

　　由於揚雄認爲政權建立的合理與否，在於是否合乎正道，因此對於象徵權位的寶器，並不重視，〈寡見〉曰：

　　　　或問：周寶九鼎，寶乎？曰：器寶也，器寶待人而後寶。〔註185〕

據《漢書‧元后傳》記載，王莽即位後，強索漢傳國璽，故揚雄以周鼎爲喻，強調正道的重要性。

　　此外，《法言》亦借歷史人物來諷刺王莽不忠於漢室，終篡奪王權，〈重黎〉曰：

〔註179〕清‧俞樾，《諸子平議》（臺北：世界書局，1971 年），卷 35，頁 411。
〔註180〕揚雄，《法言》，卷 10，頁 505。
〔註181〕揚雄，《法言》，卷 7，頁 352。
〔註182〕揚雄，《法言》，卷 10，頁 502。
〔註183〕揚雄，《法言》，卷 10，頁 542。
〔註184〕同註 179。
〔註185〕揚雄，《法言》，卷 7，頁 351。

韓信、鯨布皆劒立南面稱孤，辛窮時戮，無乃勿乎。或曰：勿則無
名，如何。曰：名者，謂令名也，忠不終而躬逆，焉攸令。〔註186〕

俞樾言：「『忠不終而躬逆，焉攸令』，亦刺莽始以誅淳于長，及徹去定陶太
后坐，獲忠直名，而後乃躬爲大逆也。」〔註187〕汪氏亦言：「此亦託信、布
以示誅伐新莽之意。」〔註188〕《法言》評論韓信、鯨布雖立爲侯王，然終以
不忠而受極刑而亡，故闇昧而無美名。並以此喻王莽不忠於漢室，則亦將受
誅伐。

〈重黎〉曰：

霍。曰：始元之初，擁少帝之微，摧燕上官之鋒，處廢興之分，堂
堂乎忠，難矣哉。至顯不終矣。〔註189〕

揚雄論述霍光所作所爲，是忠於社稷之事，此爲難能可貴之舉，但霍光縱容
其妻（名顯）毒殺許皇后，故終究無法保全其忠國之美名。對於揚雄之論述，
徐復觀先生以爲「這分明是針對王莽而發。」〔註190〕即亦是指責王莽不忠於
漢室之意。

二、批評王莽之施政

王莽篡取王位後，諸多施政措施，揚雄亦有所批評。〈重黎〉曰：

或問：南正重司天，北正黎司地，今何僚也？曰：近義近和。孰重
孰黎？曰：義近重，和近黎。〔註191〕

由於王莽好更改官名及職掌，使得官制陷於淆亂不清，據汪氏所言，元始以
來即有義和之官，主要職掌爲曆數。至「始建國元年，更定百官，乃改大司
農曰義和，則與前此之義和，同名異實，此義和在天鳳中更名納言。」〔註192〕
後又有義仲、義叔、和仲、和叔等四官，分屬四輔。而此四輔之職掌，既不
是元始時義和所掌的曆數，亦不是始建國時大司農所掌的太倉。對於如此混
亂的官名與職掌，揚雄刻意舉義和之官之本義來譏諷此一現象，凸顯王莽妄
作之行。

〔註186〕揚雄，《法言》，卷10，頁545～546。
〔註187〕同註179。
〔註188〕揚雄，《法言》，卷10，頁548。
〔註189〕揚雄，《法言》，卷10，頁567。
〔註190〕徐復觀，《兩漢思想史（卷二）》，頁534。
〔註191〕揚雄，《法言》，卷10，頁461。
〔註192〕揚雄，《法言》，卷10，頁468。

此外，王莽篡國後，爲立威於匈奴，曾發動大軍遠赴邊疆，其勞民傷財不可計數。故《法言》追論漢事以刺王莽馭夷失道。〈孝至〉曰：

> 芒芒聖德，遠人咸慕，上也；武義璜璜，兵征四方，次也；宗夷猾夏，蠢迪王人，屈國喪師，無次也。〔註193〕

> 龍堆以西，大漠以北，鳥夷獸夷，郡勞王師，漢家不爲也。〔註194〕

前一則引文論述了三個不同層次的國家策略：統治者聖德遠播，則四方蠻夷慕名而來臣服，此爲最高；其次爲國勢強盛，以兵力征服四方蠻夷；再其次爲動擾人民，竭國喪師。王莽與匈奴構難，造成邊民死亡，大批軍隊駐守邊境，日久使得吏卒罷弊，此即《法言》所論述最爲下策者。後一則引文亦是指責王莽勞王師於荒服之外，並言「漢家不爲也」，顯示揚雄對新莽之痛心甚矣。

三、批評王莽造作神怪符命

王莽好假借神怪造作符命，並以符命爲一切行爲之指標，故深爲揚雄所痛惡，在《法言》中屢次予以譴責。

如〈重黎〉曰：「或問：黃帝終始」條、「或問：趙世多神」條，汪氏疏曰：「皆以刺新室之假託神怪，造作圖讖之事。」〔註195〕俞氏曰：「此刺王莽之以符命自立也。」〔註196〕這是批評王莽以符命之說欺詐人民，並強調此舉乃是聖人所不肖的。

〈君子〉篇中「或問：人言仙者，有諸乎？」條，否定了王莽所好論的神仙之事，又言：「或問：仙之實。曰：無以爲也，有與無非問也。問也者，忠孝之問也。忠臣孝子偟乎？不偟。」〔註197〕揚雄認爲神仙鬼怪之事皆毋須追究，此論乃發揮了《論語‧先進》：「季路問事鬼神。子曰：未能事人，焉能事鬼？」〔註198〕之精神，同時他認爲事人之大本爲「忠孝」，因此，孝子汲汲於事父母，忠臣謇謇於事君主，根本無暇於神仙鬼怪之事。此論除了批評王莽好論神仙外，亦間接指責了其人乃爲不忠不孝之人。又「或問壽可益乎」

〔註193〕揚雄，《法言》，卷13，頁808。
〔註194〕揚雄，《法言》，卷13，頁816。
〔註195〕揚雄，《法言》，卷10，頁475。
〔註196〕同註179。
〔註197〕揚雄，《法言》，卷12，頁762～763。
〔註198〕《十三經注疏》本（臺北：藝文印書館，1991年）。

條，文中的「殘賊」，所指即王莽。

再如〈孝至〉曰：

> 君人者，務在殷民阜財，明道信義，致帝者之用，成天地之化，使
> 粒食之民粲也，晏也。享于鬼神，不亦饗乎。〔註199〕

揚雄認為國君之要務，在於教化人民，使人民富足而各安其業，爾後孝祀鬼神，則鬼神能饗其祀。這是說明了治國應有的先後次序。揚雄藉此以譏刺王莽奪取政權後，不能以務民為先，而妄言鬼神符命之事，實不足以為一國之君。

以上分析了《法言》對王莽篡位改政、政治措施、好神怪符命等的批評，但皆非直言新莽之非，最主要的原因是在於其身處於新莽政權之中，因此藉由追論漢事，或批評暴秦，或論述其思想，以達到批評的目的，顯示出他對新莽政權的失望。

揚雄親歷了西漢末年政治、社會種種衰亂現象，因此企望國家政權能改造圖新，而王莽在篡位改政之前，其學行曾予社會各階層以好印象。如其子王獲殺奴，即令其自殺償命；平帝時，郡國大旱，民流亡，他出錢百萬，獻田三十頃，又諷公卿二百三十人獻田宅以救貧民，派使者捕蝗救災；後又起明堂、辟雍，為學者築舍萬區。這些舉動即使是為搏取善名而做的矯偽之行，但在當時都是很得人心的〔註200〕。換言之，揚雄對於王莽，原先應是有所期望的，然至王莽奪取政權後，一連串的行為使得揚雄大失所望，並且看出了王莽過去所為只是虛言誑語，〈孝至〉篇曰：

> 假儒衣書服而讀之，三月不歸，孰曰非儒也。或曰：何以處偽？曰：
> 有人則作，無人則輟之謂偽。觀人者，審其作輟而已矣。〔註201〕

審察一人之所做所為是否為正道而不是作偽，就在於其能否貫徹一致，如《中庸》所云：「道也者，不可須臾離也，可離非道也。是故君子戒慎乎其所不睹，恐懼乎其所不聞，莫見乎隱，莫顯乎微，故君子慎其獨也。」〔註202〕因此，有人則修而作之，無人則輟而止之，必是作偽者。汪氏疏曰：「按此亦刺王莽之辭。莽傳云：莽事母及寡嫂行甚敕備。莽子納婦，賓客滿堂，須臾一人言

〔註199〕揚雄，《法言》，卷13，頁820。

〔註200〕張震澤校注，《揚雄集校注》（上海：上海古籍出版社，1993年10月），頁10。

〔註201〕揚雄，《法言》，卷13，頁781。

〔註202〕朱熹集註，《四書集註‧中庸章句》（北京：中華書局，1983年），頁17。

太夫人苦某痛，當飲某藥，比客罷者數起焉，所謂有人則作也。傳又云：居攝元年九月，莽母功顯君死，意不在哀，令太后詔議其服，劉歆與諸儒博士皆曰：禮庶子爲後，爲其母緦，攝皇帝當爲功顯君緦，莽遂行焉，所謂無人則輟也。」〔註203〕由此事便可知王莽之作僞，亦可瞭解揚雄爲何如此痛批新莽了。

〔註203〕揚雄，《法言》，卷 13，頁 782。

第四章 《法言》之思想

　　《法言》批評了漢代五經博士系統所衍生出的繁瑣學風及庸俗化的現象，又駁斥了當時盛行的五德終始及讖緯神怪諸說，這可說是揚雄對漢代學術的反思；另一方面，揚雄欲復興儒學，因此在《法言》中，提出了許多相關的見解。

　　儒家思想重視內聖外王，大體來說，內聖主要是指個人道德修養的層面，而外王則是以治理天下爲主要範圍，一般儒家思想的理論大都會涉及此二層面，揚雄亦不例外。故本章將透過《法言》內容分析，來理解揚雄所建立起內聖外王之面貌。

第一節　道德思想

一、承襲儒家傳統思想

　　《法言》一書的中心思想，是以儒家道德爲出發點，並以此概念做爲內聖外王的歸依。揚雄的道德論主要包括了道、德、仁、義、禮、智、信等概念，在《法言》中均有論述。如〈修身〉曰：

> 行重則有德。〔註1〕

> 實無華則野，華無實則賈，華實副則禮。〔註2〕

〈問道〉曰：

〔註1〕漢・揚雄撰、清・汪榮寶疏，《法言義疏》（臺北：世界書局，1981 年，以下書名簡稱《法言》），卷 3，頁 154。
〔註2〕揚雄，《法言》，卷 3，頁 155。

　　或問：道。曰：道也者，通也，無不通也。或曰：可以適它與？曰：
適堯、舜、文王者爲正道，非堯、舜、文王者爲它道，君子正而不
它。〔註3〕

　　在昔虞夏，襲堯之爵，行堯之道，法度彰、禮樂著……。〔註4〕

〈五百〉曰：

　　或問大人。曰：無事於小爲大人。請問：小。曰：事非禮、義爲小。
〔註5〕

　　川有防，器有範，見禮教之至也。〔註6〕

〈先知〉曰：

　　修之以禮、義，則下多德讓。〔註7〕

〈重黎〉曰：

　　或問：信？曰：不食其言。……問：義？曰：事得其宜之謂義。
〔註8〕

〈淵騫〉曰：

　　妄譽，仁之賊也；妄毀，義之賊也。賊仁近鄉原，賊義近鄉訕。
〔註9〕

〈君子〉曰：

　　自愛，仁之至也。自敬，禮之至也，未有不自愛敬，而人愛敬之者
也。〔註10〕

〈孝至〉曰：

　　或問：群言之長，群行之宗。曰：群言之長，德言也；群行之宗，
德行也。〔註11〕

從揚雄對這些概念的論述，可看出他的道德論，絕大部分是因襲傳統儒家的
觀念。在論道方面，他將道視爲合於禮樂法度的原則；至於德，則以爲是「言

〔註 3〕揚雄，《法言》，卷4，頁173。
〔註 4〕揚雄，《法言》，卷4，頁197。
〔註 5〕揚雄，《法言》，卷8，頁399。
〔註 6〕揚雄，《法言》，卷8，頁417。
〔註 7〕揚雄，《法言》，卷9，頁441。
〔註 8〕揚雄，《法言》，卷10，頁586。
〔註 9〕揚雄，《法言》，卷11，頁720。
〔註10〕揚雄，《法言》，卷12，頁759。
〔註11〕揚雄，《法言》，卷13，頁799。

之長」、「行之宗」，可知德是一切行爲的最高標準，又言「事非禮義爲小」，
那麼德就是指合於禮義的道德踐履。論仁，揚雄在〈淵騫〉篇中曾指責白起
不仁，正由於其坑殺四十萬兵士，這是從愛人的觀點而論的，此與傳統儒家
觀念是符合的，較特別的是上述引文「自愛，仁之至也」，把自愛視爲爲仁的
至高層次，此或與揚雄明哲保身的人生哲學有關〔註12〕。論義，則指一切合
宜之事；論禮，除了外在儀節外，內在亦須謹遵應有的規範，如此才是「華
實相符」，才是眞正的禮，而所謂「自敬，禮之至也」，則是略與傳統儒家道
德論不同；至於論智，在《法言》中多半是指智慧或知識而言，此爲揚雄論
述儒家道德論中最特出的部分，徐復觀先生亦指出：「揚雄承述儒家仁、義、
禮、智、信之通義，然其眞正有得者乃在「智」的這一方面，因爲他一生的
努力，都可說是智性的活動。」〔註13〕此部分將於後文加以論述。論信，則
以信守諾言爲信。

　　由以上分析來看，可知《法言》以儒家傳統道德論爲思想主軸，透過揚
雄對道德的論述，亦可看出道德是包含著儒家倫理原則的概念，如〈問道〉
曰：

　　　道、德、仁、義、禮譬諸身乎！夫道以導之，德以得之，仁以人之，
　　　義以宜之，禮以體之，天也。合則渾，離則散，一人而兼統四體者，
　　　其身全乎？〔註14〕

《釋名‧釋語》：「道，導也」，又「德，得也」〔註15〕。在此揚雄將「道」、「德」
的含義界定爲引導，習得仁、義等規範，則道德的概念在他的道德論中，是
高於仁、義等一般概念的。同時，他亦強調道德諸概念是不可分割的整體思
想，並將之比喻爲人身不可分割的體系，這是相當有見解的。《法言》又論道
德的踐履，〈問神〉曰：

　　　爲之而行，動之而光者，其德乎？或曰：知德者鮮何其光？曰：我
　　　知爲之，不我知亦爲之，厥光大矣；必我知而爲之，光亦小矣。
　　　〔註16〕

〔註12〕黃開國，《揚雄思想初探》（四川：巴蜀書社，1989 年 11 月），頁 143。
〔註13〕徐復觀，《兩漢思想史（卷二）》（臺北：臺灣學生書局，1993 年），頁 519。
〔註14〕揚雄，《法言》，卷 4，頁 176。
〔註15〕漢‧劉熙撰、清‧畢沅疏證，《釋名疏證》（臺北：廣文書局，1971 年），頁
　　　25。
〔註16〕揚雄，《法言》，卷 5，頁 265。

世上通曉道德之士多隱沒不彰，安得榮顯？揚雄認爲道德的踐履，不論是在何時何地，都應貫徹一致，如此則榮顯將廣集於身，若只在眾人所知的地方才謹守道德，做表面工夫，那麼其榮顯必定是較少的，這一觀點，實同於〈孝至〉篇所言：「不爲名之名，其至矣乎；爲名之名，其次也。」〔註17〕揚雄認爲實踐道德是不可間斷的，且不應爲求美名而爲之，那麼美名自會隨之而來，這是道德踐履最理想的境界。

　　至於諸德性的作用，〈修身〉曰：

　　　　或問：仁、義、禮、智、信之用？曰：仁，宅也；義，路也；禮，服也；智，燭也；信，符也。處宅、由路、正服、明燭、執符，君子不動，動斯得矣。〔註18〕

揚雄將仁、義、禮、智、信比喻爲人們生活可以安身的居宅，可以安行的道路，可以表儀的衣服，可以照察的燈燭，可以致誠的符契，表示此皆是爲人所不可或缺的。

　　雖然《法言》對於儒家傳統思想的傳述並無特出的創見，正如羅光先生所言：「揚雄對於五德（即仁、義、禮、智、信），以及道德兩詞的解釋，都是沿用儒家的傳統思想，沒有新的見解。」〔註19〕然而，若將《法言》置回各種異說詭辭盛行的西漢末年，則其獨標儒家思想一幟，堅守以道德論爲最高原則的精神，實仍頗值得肯定。

二、推崇孝道

　　《法言》的道德論中，最推崇的是孝，〈孝至〉曰：

　　　　孝至矣乎！一言而該，聖人不加焉。〔註20〕

在揚雄看來，唯有至德的聖人才能做到，因爲孝是兼該百行的表現。因此他強調侍奉父母乃是天地間之常理，〈孝至〉曰：

　　　　父母，子之天地與，無天何生，無地何形，天地裕於萬物乎？萬物裕於天地乎？裕父母之裕，不裕矣，事父母自知不足者，其舜乎。

　　　　〔註21〕

〔註17〕揚雄，《法言》，卷13，頁782。
〔註18〕揚雄，《法言》，卷3，頁149。
〔註19〕羅光，〈兩漢南北朝篇〉，《中國哲學思想史》（臺北：臺灣學生書局，1985年），頁249。
〔註20〕揚雄，《法言》，卷13，頁771～772。
〔註21〕揚雄，《法言》，卷13，頁772～773。

不可得而久者，事親之謂也，孝子愛日。〔註22〕

他認為父母猶如天地，子女猶如萬物，天地生萬物，非冀其報，故能饒裕於萬物，而萬物卻無法饒裕於天地。所謂「天地裕於萬物乎？萬物裕於天地乎？」是詰難之語，汪疏曰：「謂子能裕於父母者，是謂萬物能裕於天地矣，明無是理也。」〔註23〕故子女侍奉父母正如同萬物於天地之施，是永遠無法回報完的，因此，孝順父母是無多寡之分、更不可有須臾懈怠之心的。這一說法就將子女應盡孝道視為必然且絕對的行為了。因此揚雄以舜為至孝的例子：強調即使舜父頑母嚚，然舜仍克諧以孝，可謂竭盡孝行之代表。

至於盡孝的方式，《法言》的論述大抵與先秦儒家「生事愛敬，死事哀戚」的精神相同，如〈孝至〉曰：

孝子有祭乎，有齊乎。夫能存亡形，屬荒絕者，惟齊也，故孝子之於齊，見父母之存也，是以祭不賓。人而不祭，豺獺乎。〔註24〕

或問：子。曰：死生盡禮，可謂能子乎。〔註25〕

據汪氏義疏：「齊」即齋，《說文》：「齋，戒絜也。」〔註26〕這是說明唯有能行祭嚴齋敬父母之事，才足以稱之為孝子，且強調若人而不祭，則實不如豺獺。

探究《法言》如此推崇孝道，且將孝道絕對化之因，或與漢代提倡孝道的社會風氣有緊密關係〔註27〕。據趙岐《孟子章句》題辭言：「漢興，除秦虐禁，開延道德，孝文皇帝欲廣文學之路，《論語》、《孝經》、《爾雅》皆置博士。」〔註28〕可知《孝經》於西漢即立有博士，且其後君主亦頗推崇孝道，主要背景，徐復觀先生以為有三：一為同姓之諸侯王，代替異姓之諸侯王以後，要以孝增強諸侯王通過宗廟對朝廷的向心力；二為「事君不忠，非孝也」這類的觀念，對統治者非常有利；三為希望政治安定，便不能不希望有一種和平安定的社會。由以孝為家族精神紐帶所組成的社會，是和平安定的

〔註22〕揚雄，《法言》，卷13，頁774。
〔註23〕揚雄，《法言》，卷13，頁773。
〔註24〕揚雄，《法言》，卷13，頁775。
〔註25〕揚雄，《法言》，卷13，頁778。
〔註26〕漢‧許慎撰、清‧段玉裁注疏，《說文解字注》（臺北：黎明文化事業，1991年），頁3。
〔註27〕同註12，頁146。
〔註28〕《十三經注疏本》（臺北：藝文印書館，1991年）。

社會〔註29〕。而《法言》對孝道的闡述，或受當時風氣之影響，但其精神集中於子女盡孝道之絕對化，及孝道爲至德之行，則仍是傳承於先秦儒家之思想爲目的，非爲當時朝政而作。

三、論聖、賢與眾人、君子與小人之分

《法言》以儒家道德論爲一切準則，故在論人時，亦以此做爲最大區別，包括《法言》中常出現的聖人、賢人、眾人，或是君子與小人等差異。

首先，必須先瞭解《法言》所論人之爲人的根本，是在於能夠「取四重」、「去四輕」，〈修身〉曰：

> 或問：何如斯謂之人？曰：取四重，去四輕，則可謂之人。曰：何謂四重？曰：重言、重行、重貌、重好。言重則有法，行重則有德，貌重則有威，好重則有觀。敢問四輕？曰：言輕則招憂，行輕則招辜，貌輕則招辱，好輕則招淫。〔註30〕

所謂的「四重」或「四輕」，是指在言語、行爲、容貌、愛好四方面是否符合禮義而言，意即唯有人的內在與外表都能符合禮義而行動，才足以配稱爲人。揚雄對人的界定，顯然承續了先秦儒家的觀點，並加以發揮；如《孟子·離婁下》：「人之所異於禽獸者幾希。」又〈滕文公上〉言：「飽食、煖衣、逸居無無教，則近於禽獸。」〔註31〕《荀子·勸學》曰：「故學數有終，若其義則不可須臾捨也。爲之，人也；舍之，禽獸也。」〔註32〕《禮記·郊特牲》言：「無別無義，禽獸之道也。」〔註33〕可知先秦儒者大都以有無道德禮義等做爲人之所以爲人的根本，而揚雄則言「取四重」、「去四輕」，除了包含必須要有道德禮義等規範外，更強調「去」、「取」的行爲，即把能否依照禮義而行動，做爲判定人之爲人的標準，因此，若人在日常行爲中未依禮義而行動，則便不足以稱之爲人了。《論語·學而》謂：「君子不重則不威。」〔註34〕這是孔子對君子的要求，而非對一般眾人的要求，但《法言》則以「四重」來要求眾人，可見，揚雄對於人之所以爲人的要求標準，似乎是略高於

〔註29〕徐復觀，《中國經學史的基礎》（臺北：臺灣學生書局，1996年），頁192。
〔註30〕揚雄，《法言》，卷3，頁154。
〔註31〕同註28。
〔註32〕清·王先謙，《荀子集解》，（北京：中華書局，1992年2月），頁11。
〔註33〕同註28。
〔註34〕同註28。

先秦儒者的。

　　至於對人、禽之區別，《法言》與先秦儒者論述的角度亦有不同，過去儒者大都以無禮義者爲禽獸，而揚雄在〈學行〉中言：

　　　　鳥獸，觸其情者也，眾人則異乎。〔註35〕

〈修身〉亦言：

　　　　天下有三門：由於情欲入自禽門，由於禮義入自人門，由於獨智入
　　　　自聖門。〔註36〕

揚雄除了承繼過去儒者以禮義做爲區別人、禽的觀點，並且加以發揮，直言鳥獸即是觸情縱欲的動物。因此他將天下分爲三門：若依情欲而動者，則入禽門；依禮義爲準規而行動者，則入於人門；若能循智而精進不已，則可入聖門。汪疏曰：「入聖門者亦必由禮義，神而明之，無所不通，斯聖人矣。」〔註37〕可見人門是聖門的基礎，則禮義便是成爲聖人的必備條件了。

　　《法言》論人之所以爲人，主要仍是延續了先秦以來儒者之論點，且重視道德的踐履，另外，藉由其人、禽之分的理論，可看出揚雄將禮義視爲爲人的基本要件，又由於他對禽獸作了明確的界說，這樣「就使得自先秦以來儒家的人禽之分理論得以基本完成。」〔註38〕

（一）聖、賢與眾人之分

　　《法言》對聖人、賢人、眾人之分，是從幾個不同的角度來探究的，〈修身〉曰：

　　　　聖人耳不順乎非，口不肆乎善；賢者耳擇口擇，眾人無擇焉。〔註39〕

這是從實踐道德的自覺性程度高低來論此三種人，最高層次的聖人，其心能與口耳相從，合於儒家正道；其次爲賢人，能夠做到所謂「非禮勿聽、非禮勿言」的境地；再其次者爲眾人，妄言妄聽，無是非善惡之別。由這一分析，便可清楚的瞭解這三個層次的不同了。〈修身〉又曰：

　　　　或問眾人？曰：富貴生。賢者？曰：義。聖人？曰：神。觀乎賢人，
　　　　則見眾人；觀乎聖人，則見賢人；觀乎天地，則見聖人。〔註40〕

〔註35〕揚雄，《法言》，卷1，頁53。
〔註36〕揚雄，《法言》，卷3，頁166。
〔註37〕揚雄，《法言》，卷3，頁167。
〔註38〕同註12，頁134。
〔註39〕揚雄，《法言》，卷3，頁165～166。
〔註40〕揚雄，《法言》，卷3，頁166。

〈五百〉曰：

　　　聖人重其道而輕其祿，眾人重其祿而輕其道。聖人曰：道行與。眾

　　　人曰：於祿殖與。〔註41〕

從三種人對世俗之取捨作分辨，眾人之情，凡是可以致富貴者則趨之，賢者則裁之以義，聖人則從心所欲而不踰距。因此，賢人是眾人所取法的對象，聖人則是賢人效法的對象，至於聖人，則取法於天地之正道。據此，揚雄定訂了三種人之所好，〈修身〉曰：

　　　天下有三好：眾人好己從，賢人好己正，聖人好己師。〔註42〕

依照揚雄對聖人、賢人、眾人實踐道德的自覺性及對世俗之取捨等方面來看，可知此三種人由於層次不同，故其作用亦不相同，〈修身〉曰：

　　　天下有三檢：眾人用家檢，賢人用國檢，聖人用天下檢。〔註43〕

所謂「檢」，有檢驗之意。由於眾人以家之肥瘠為憂樂，故以治理一家做檢驗，賢者則推之於一國，聖人則推之治天下。

　　《法言》對眾人、賢人、聖人的論述，無論以何種角度論說，其中心仍緊扣著儒家道德論的概念，雖在揚雄以前的儒者早已論述過眾人、賢人、聖人，然他們大都是分開而論的，而揚雄則將三者放在一起，以道德的高低層次將之串聯起來，作為人的三個等次來討論，使得聖人、賢人、眾人成為三個不同層級的道德形象，進一步的確立下來。

（二）君子與小人之分

　　在《法言》中所論的君子與小人，是兩種相對的人格。〈學行〉曰：

　　　大人之學也為道，小人之學也為利。〔註44〕

〈問神〉曰：

　　　言，心聲也；書，心畫也。聲畫形，君子、小人見矣。聲畫者，君

　　　子、小人之所以動情乎。〔註45〕

〈淵騫〉曰：

　　　君子絕德，小人絕力。或問：絕德？曰：舜以孝，禹以功，皋陶以

〔註41〕揚雄，《法言》，卷8，頁377。
〔註42〕揚雄，《法言》，卷3，頁166。
〔註43〕揚雄，《法言》，卷3，頁166。
〔註44〕揚雄，《法言》，卷1，頁59。
〔註45〕揚雄，《法言》，卷5，頁247。

謨，非絕德邪。力？秦悼武，烏獲、任鄙扛鼎、抃牛，非絕力邪。
〔註46〕

〈君子〉曰：

> 君子好人之好，而忘己之好。小人好己之惡，而忘人之好。〔註47〕

> 君子忠人，況己乎。小人欺己，況人乎。〔註48〕

由於言語及書寫文字是由內心有所觸動而表現於外者，因此揚雄認為辨別君子與小人的方法，在於察言觀書。對於君子與小人的差別，揚雄由幾個方面來論述：首先，在義、利關係上，君子所重者為道義，小人所重為私利。引文中的「大人」，所指應為君子。至於行為實踐上，君子與小人各有其所及者，君子是在於德，小人則在於力，揚雄列舉了舜、禹及皋陶為「君子絕德」的模範，以秦悼公、烏獲及任鄙為「小人絕力」之例。由此說明了君子所追求的乃是道德的境界，小人則力求於勇力的表現。在待人方面，君子盡誠於人，重人而不重己，小人則以偽待人，重己而不重人。

從《法言》對君子與小人的論述來看，顯然仍是以道德為判定標準，這與上一小節討論聖人、賢人、眾人之分，大致是相同的，但值得注意的是，揚雄論聖人、賢人、眾人之分，是以道德境界高低為判定標準，這表示眾人仍是隸屬於道德層次中之人，至於與君子相對立的小人則不同，處處透露出小人是毫無道德概念之人；若依《法言》的人、禽之分，則小人便只是有人之名，而無人之實的禽獸罷了。另一方面，揚雄所塑造的聖人形象，是道德上的完人，如〈五百〉篇中，他稱讚聖人的代表——孔子，道：「仲尼，神明也。」〔註49〕一般人似乎是很難達到的；相較之下，賢人與君子的角色便與一般人親近許多，如〈五百〉言：

> 聖人之言遠如天，賢人之言近如地。〔註50〕

〈吾子〉曰：

> 君子之道有四：易簡而易用也，要而易守也，炳而易見也，法而易
> 言也。〔註51〕

〔註46〕揚雄，《法言》，卷 11，頁 620。
〔註47〕揚雄，《法言》，卷 12，頁 753。
〔註48〕揚雄，《法言》，卷 12，頁 768。
〔註49〕揚雄，《法言》，卷 8，頁 394。
〔註50〕揚雄，《法言》，卷 8，頁 399～400。
〔註51〕揚雄，《法言》，卷 2，頁 130。

依此，賢人、君子在《法言》一書中，可說是人們（即眾人）言行的具體模範，且由於賢人在《法言》中較少論及，故君子可算是揚雄為後世人所塑造的學習對象，〈學行〉曰：

> 學者所以求為君子也，求而不得者有矣，未有不求而得之者也。
〔註52〕

《法言》論及君子的部分頗多，如〈學行〉曰：

> 君子貴遷善，遷善者，聖人之徒與。〔註53〕

〈修身〉曰：

> 君子微慎厥德，悔吝不至，何元憝之有。〔註54〕

〈寡見〉曰：

> 好盡其心於聖人之道者，君子也。人亦有好盡其心矣，未必聖人之道也。〔註55〕

> 或曰：君子聽聲乎？曰：君子惟正之聽，荒乎淫，拂乎正，沈而樂者，君子不聽也。〔註56〕

〈五百〉曰：

> 君子仕則欲行其義，居則欲彰其道。〔註57〕

〈君子〉曰：

> 君子不言，言必有中也；不行，行必有稱也。〔註58〕

> 或問：君子之柔剛。曰：君子於仁也柔，於義也剛。〔註59〕

> 牛玄騂白睟而角，其升諸廟乎，是以君子全其德。〔註60〕

〈孝至〉曰：

> 君子動則擬諸事，事則擬諸禮。〔註61〕

君子是潛心學習並篤行聖人之道者，任何有違道德的小瑕疵亦不犯，其言行

〔註52〕揚雄，《法言》，卷1，頁54。
〔註53〕揚雄，《法言》，卷1，頁59。
〔註54〕揚雄，《法言》，卷3，頁170。
〔註55〕揚雄，《法言》，卷7，頁325。
〔註56〕揚雄，《法言》，卷7，頁342。
〔註57〕揚雄，《法言》，卷8，頁386。
〔註58〕揚雄，《法言》，卷12，頁731。
〔註59〕揚雄，《法言》，卷12，頁732。
〔註60〕揚雄，《法言》，卷12，頁739。
〔註61〕揚雄，《法言》，卷13，頁799。

無論是爲官或家居，都是合於禮義規範的，揚雄又借祭祀所用純色之牛爲喻，說明君子乃爲全德之人，是聖人之徒。《法言》中對君子的論述，仍圍繞著其道德論發言，與西漢之前儒者對君子所論相較，大致相同。

第二節　教育思想

　　《法言》秉承了儒家道德思想，以仁、義、禮、智等爲最高準據，雖其論述大都不出西漢之前儒者所論，然而，依此而發展出的教育思想，卻表現出揚雄特有的人格特性及時代意義。

一、教育思想的基礎

　　在論究《法言》教育思想之前，應先瞭解其教育思想發展的基礎，包括其「尚智」的理性精神及人性論。

（一）「尚智」的理性精神

　　在《法言》中，揚雄相當重視智性的作用，他對西漢末年那些無驗證之說、以及五德終始、讖緯神怪之說的批評，便是由其「尚智」的理性精神而發。《法言》對智的論述，包括〈問道〉曰：

　　　智也者，知也。夫智用不用，益不益，則不贅虧矣。〔註62〕

〈問明〉曰：

　　　或問：人何尚？曰：尚智。曰：多以智殺身者，何其尚？曰：昔乎
　　　皋陶以其智爲帝謨，殺身者遠矣；箕子以其智爲武王陳洪範，殺身
　　　者遠矣。〔註63〕

〈寡見〉曰：

　　　或曰：奔壘之車，沈流之航，可乎？曰：否。或曰：焉用智？曰：
　　　用智於未奔沈，大寒而後索衣裘，不亦晚乎？〔註64〕

揚雄認爲，「智也者，知也」，則知是對智的對象的理解〔註65〕。人們透過知能，使能達成「用不用，益不益」，汪疏曰：「能用人所不用，則知不贅；能

〔註62〕揚雄，《法言》，卷4，頁194。
〔註63〕揚雄，《法言》，卷6，頁285。
〔註64〕揚雄，《法言》，卷7，頁361。
〔註65〕徐復觀，《兩漢思想史（卷二）》，頁520。

益人所不益，則知不虧。」〔註66〕即智的運用，使原本人們所不用的事物變成可用的事物，原本無益於人們的事物變成有益於人的事物。妥善的運用智性，能夠使人遠離殺身之禍，這是智性的作用之一，同時，並強調智性能使人預見事物的發生，得以防患於未然。

據此，揚雄相當推崇智性，〈修身〉曰：

> 天下有三門：由於情欲，入自禽門；由於禮義，入自人門；由於獨
> 智，入自聖門。〔註67〕

所謂的聖人，是履行一切道德規範的理想人格，而理解一切道德規範，則有賴於智性。人們透過智性的活動與客觀的事物連接，方可理解所追求的目標，因此，掌握智性，是踏入聖門的第一步。

《法言》對人的智性充滿信心，並肯定這種理性思維的能力，〈問神〉曰：

> 或問：神。曰：心。請問之？曰：潛天而天，潛地而潛（按：據汪
> 疏應爲「地」），天地，神明而不測者也，心之潛也，猶將測之，
> 況於人乎？況於事倫乎？敢問：潛心于聖。曰：昔乎仲尼潛心於文
> 王矣，達之；顏淵亦潛心於仲尼矣，未達一閒耳，神在所潛而已
> 矣。〔註68〕

> 人心其神矣乎，操則存，舍則亡，能常操而存者，其惟聖人乎。
> 〔註69〕

這裡所謂的「神」，是指「心」所具有的微妙的思慮作用，亦是人們智性的活動。「潛心」是指人的心思能夠深入、專注於事物，並且對其進行理解的過程。揚雄認爲，即使如天地般深奧微妙之理，只要能「潛心」，亦能充分地照知一切，因此只要人們「潛心」於聖人，便有機會成爲聖人。

從《法言》的尚智精神，肯定人們的心神作用來看，揚雄對事理的追求，是相當理性的，他在方法上，要求必須有驗證，〈問神〉篇所言：「幽必有驗乎明，遠必有驗乎近；大必有驗乎小，微必有驗乎著，無驗而言之謂妄。」〔註70〕這正是其理性精神的發揮。揚雄依據這種理性的精神，除了批

〔註66〕揚雄，《法言》，卷4，頁194。
〔註67〕揚雄，《法言》，卷3，頁166。
〔註68〕揚雄，《法言》，卷5，頁213～214。
〔註69〕揚雄，《法言》，卷5，頁218。
〔註70〕揚雄，《法言》，卷5，頁246。

評西漢那些無驗證之說、五德終始及讖緯神怪之說外，更提出了他對天的見解，〈問道〉曰：

　　或問：天？曰：吾於天與，見無爲之爲矣。或問：彫刻眾形者，匪

　　天與？曰：以其不彫刻也，如物刻而彫之，焉得力而給諸？〔註71〕

揚雄認爲，若天能雕刻眾物之形，則天成爲有目的的雕刻者，然而，眾物之形並非天所雕刻，乃是出於自然生成的。這段話說明了天下萬物並非天有意造作出來的，而是自然而然的。可知揚雄所說的天，並不具有任何神秘性及意志性，即是自然之天。這一觀念，在當時是相當特出的。西漢自董仲舒確立了以天的意志爲主體的「天人感應」論之後，人們視天是有目的和意志的，它通過各種災異現象的變化來主宰人事，即如《春秋繁露·必仁且智》所言：「災者，天之譴也；異者，天之感也。」〔註72〕這股思想在當時佔了主流地位，而《法言》對於自然之天的論述，無疑是否定了董仲舒所宣揚的「主宰」之天，對於東漢許多思想家，有深刻的影響。

（二）人性論

揚雄的人性論，在歷來研究人性論的相關論述中，常被提及，他所主張的人性，既不同於孟子由心善以言性善；荀子由「生之所以然者謂之性」〔註73〕，將人性的可能發展賦予「惡」的道德評價；亦不同於告子所論「人性之無分於善不善」〔註74〕；或董仲舒的「性三品」之說。揚雄以人性是善惡混，〈修身〉曰：

　　人之性也善惡混，修其善則爲善人，修其惡則爲惡人。氣也者，所

　　以適善惡之馬也與。〔註75〕

對於揚雄此說，過去許多注疏家及思想家如吳秘、宋咸、司馬溫公、王充等人皆有論說，後世學者李鍌先生曾作一番整理及批評，認爲揚雄所論的「善惡混」之意，乃指「善惡雜處於心之謂也」〔註76〕。蒙培元先生則更進一步

〔註71〕揚雄，《法言》，卷 4，頁 180。
〔註72〕漢·董仲舒撰，賴炎元註譯，《春秋繁露》（臺北：臺灣商務印書館，1987 年），頁 236。
〔註73〕清·王先謙，《荀子集解》，〈正名〉（北京：中華書局，1992 年 2 月），頁 412。
〔註74〕《孟子·告子》，《十三經注疏》本（臺北：藝文印書館，1991 年）。
〔註75〕揚雄，《法言》，卷 3，頁 138。
〔註76〕李鍌，〈法言學術思想之體系〉，《國文學報》第 1 期（1972 年 6 月），頁 91～108。

地說明，所爲「善惡混」就是人性中同時具有正面和負面、積極和消極兩方面的潛在能力或可能性〔註77〕。從上面所引〈修身〉篇這段話來看，揚雄所說性中的善與惡，的確都是一種潛存的狀態，而這潛存的狀態必須依賴「氣」的引導，才能付諸於行爲，故「氣」是無善無惡的，至於人們要如何御「氣」，在《法言》中似乎並沒有相關的說明。

孟子以養氣成德做爲道德實踐的工夫，他說：「夫志，氣之帥也；氣，體之充也。夫志至焉，氣次焉；故曰：『持其志，無暴其氣』。」又說：「我善養吾浩然之氣……其爲氣也，至大至剛，以直養而無害，則塞於天地之間。其爲氣也，配義與道；無是，餒也。」〔註78〕可知孟子將「氣」視爲人性的基本潛能，透過「養氣」，即理性凝聚爲意志，使感性行動成爲一種由理性支配、主宰的力量〔註79〕，促使人能履踐道德，因此，孟子所論的「養氣」，是人的意志情感中自有理性的凝聚，而非依賴外力而得。揚雄推尊孟子、自比於孟子，但在人性論上的見解則異於孟子，其所標舉的「氣」，亦缺乏較完整的論述，而善惡同在的性，便沒有了依據，人們無法由自身的自覺而成善，似乎僅能待於外力的塑造了。

《法言》中關於人性論的部分不多，除了前述所引〈修身〉篇之外，〈學行〉篇曰：

> 學者所以修性也，視、聽、言、貌、思，性所有也，學則正，否則邪。〔註80〕

〈問明〉亦曰：

> 或問：鳥有鳳，獸有麟，鳥獸皆可鳳麟乎？曰：群鳥之於鳳也，群獸之於麟也，形性豈群人之於聖乎！〔註81〕

以上二則引文，亦與揚雄人性論相關，前一則說明了人性具有視、聽、言、貌、思等作用，與性善惡並不相關；第二則引文以鳳麟爲鳥獸中特出之一種，形性各異，此情況與聖人、一般人之差異不同，故不得以鳥獸之不可爲鳳麟來論證一般人之不能爲聖人。據此，則表示聖人之性與眾人之性本無異處，其之所以不同，乃在於人生發展過程中，向善或向惡兩個發展方向的不同罷了。

〔註77〕蒙培元，《中國心性論》（臺北：臺灣學生書局，1990年），頁164。
〔註78〕《孟子・公孫丑》，同註74。
〔註79〕李澤厚，《中國古代思想史論》（臺北：谷風出版社，不著出版年月），頁45。
〔註80〕揚雄，《法言》，卷1，頁38。
〔註81〕揚雄，《法言》，卷6，頁281。

二、教育思想

《法言》的教育思想，是以其人性論為基礎而展開的。揚雄以人性善惡混，而人們之所以為善、為惡，皆有賴於外力的塑造，而此外力便是教育。依《法言》內容分析，其教育思想可歸納為論為學方法、論為學功用、論為學目的等三方面來探討。

（一）論為學方法

《法言》認為為學方法有三，包括：擇善師、宗五經、重於實踐。

1.擇善師

為學能使人向善的一面發展，而促使人趨向為學目標的關鍵，則在於師。因此，《法言》相當重視擇師，〈學行〉曰：

> 務學不如務求師。師者，人之模範也，模不模，範不範，為不少矣。……
> 一卷之書，不勝異說焉，……一卷之師（按：據汪疏應為「書」），
> 必立之師。〔註82〕

揚雄認為問學應以求善師為先，他將善師的角色定位為人的楷模，這表示為師的職責除了傳授典籍知識之外，同時還須引導人們行為處事，成就人們實踐一切道德要求。

由於教師在學行過程中佔有相當的地位，因此揚雄對於教師的學養，也提出了要求，〈問明〉曰：

> 師之貴也，知大知也，小知之師亦賤矣。〔註83〕

意即人師之貴者，為其具備「大知」，所謂「大知」，就是儒家的仁義道德，並且能徹底履行者。因此，揚雄眼中的善師，在其論人分為眾人、賢人（君子）、聖人三個層次中，至少應達到賢人即君子的道德境界，方足以稱為「善師」。

2.宗五經

《法言》之作的目的是為了復興儒學，對於儒家經籍自然相當尊崇。因此，揚雄認為學者當以五經做為學習的主要題材，他以五經作為學術思想的最高代表，〈吾子〉曰：

> 觀書者，譬諸觀山及水，升東嶽而知眾山之邐迤也，況介丘乎？浮

〔註82〕揚雄，《法言》，卷1，頁42～44。
〔註83〕揚雄，《法言》，卷6，頁277。

> 滄海而知江河之惡沱也，況枯澤乎？舍舟航而濟乎瀆者末矣，舍五
> 經而濟乎道者末矣。〔註84〕

〈問神〉曰：

> 大哉！天地之為萬物郭，五經之為眾說郭。〔註85〕

以上兩則引文，主要的用意皆是強調五經的廣博及重要性。第一則以山之東
嶽及水之滄海來比擬五經的崇高廣博，若與一般典籍相較，則這些典籍不過
是小沙丘或停滯不流的污水罷了。第二則是說明了一切學說思想都不超出五
經的領域中，也就是說，五經是無所不包、無所不容的。揚雄如此推崇五經，
因此，為學者求學當以五經為主要書籍，〈問神〉曰：

> 書不經，非書也；言不經，非言也。言、書不經，多多贅矣。〔註86〕

書籍或言語的內容不合於五經者，就不能稱作書和論說，若接觸這類的書、論
說愈多，則愈為害而無用。所以揚雄為人們求學所選擇的教材，就是五經。

　　《法言》以五經為學行的主要教材，對於經學，亦有一番見解，如〈寡
見〉曰：

> 或問五經有辯乎？曰：惟五經惟辯，說天者莫辯乎《易》，說事者莫
> 辯乎《書》，說體者莫辯乎《禮》，說志者莫辯乎《詩》，說理者莫辯
> 乎《春秋》，捨斯辯亦小矣。〔註87〕

在揚雄看來，五經是天、事、體、志、理的最高真理：《易》精言天道，《書》
擅論政事，《禮》正百事之體，《詩》抒發心志，《春秋》屬辭比事，即事明理。
由揚雄對五經的評判，亦可看出其對儒家經典的掌握及所理解之內涵。

3. 重於實踐

　　為學者除了必須要擇善師、宗五經外，還要能夠知行合一。前二者是客
觀的選擇，後者則是主觀的努力。唯有三者配合，才能真正學有所得，使人
們成善為善徹底實現。

　　為學在主觀的努力上，首重知行合一。《法言》首篇〈學行〉開宗明義即
言：「學，行之上也。」〔註88〕足見揚雄注重篤行的程度，〈問明〉亦言：

> 或曰：甚矣，聖道無益於庸也，聖讀而庸行，盍去諸。曰：甚矣，

〔註84〕揚雄，《法言》，卷2，頁112。
〔註85〕揚雄，《法言》，卷5，頁243。
〔註86〕揚雄，《法言》，卷5，頁253。
〔註87〕揚雄，《法言》，卷7，頁326～327。
〔註88〕揚雄，《法言》，卷1，頁22。

子之不達也。聖讀而庸行，猶有聞焉，去之抗也，抗秦者非斯乎，

投諸火。〔註89〕

這一則引文是揚雄憤時嫉俗之言，汪疏曰：「謂口誦聖人之言，而身爲鄙夫之事，虛費日力，了無所補，則不如廢讀之爲愈也。」〔註90〕揚雄對於世人以五經爲利祿之路，雖誦聖人之教，卻無裨於身心，其所行無異於未讀經書者，有相當深的感嘆，故有此言；而另一方面，他又以爲雖以讀經爲干祿之術，然至少猶得藉此以聞聖人之教，與那些不聞者相較之下，仍是可取的。從《法言》這段論述中，可看出揚雄對當時讀書人沒能篤行聖人之道，有著相當深的感嘆與無奈了。

　　爲學者除了應知行合一之外，還應多聞見以增廣知識，始能守之以約，建立卓識，〈吾子〉曰：

多聞則守之以約，多見則守之以卓，寡聞則無約也，寡見則無卓

也。〔註91〕

〈寡見〉曰：

多聞見而識乎至道者，至識也；多聞見而識乎邪道者，迷識也。

〔註92〕

多聞多見能夠增進學識，並從中獲得最精要、最卓越的知識，作爲言行的準則，而且聞見的知識必需是以聖人之道爲前提，如此方能獲得眞知卓識。揚雄一生治學的積極精神，便充分的表現在多聞見上，如據〈答劉歆書〉所載，他甘於地位低微的黃門郎之職，只是爲了追求知識的便利：「雄爲郎之歲，自奏少不得學，而心好沉博絕麗之文。願不受三歲之奉，且休脫直事之繇，得肆心廣意，以自克就。有詔可不奪奉，令尚書賜筆墨錢六萬，得觀書於石室。」〔註93〕他爲了有更多的機會接觸更多的知識，奏請寧願不領三年的俸祿，由此便可知揚雄追求知識的精神。又如《漢書・揚雄傳》記載他對天文學的求知過程，初信蓋天說，後來在桓譚的啓發下，發現蓋天說不能解釋日月星辰運行的規律，轉而擁護渾天說，故在〈重黎〉篇曾言：

〔註89〕揚雄，《法言》，卷6，頁281～282。
〔註90〕揚雄，《法言》，卷6，頁283。
〔註91〕揚雄，《法言》，卷2，頁126。
〔註92〕揚雄，《法言》，卷7，頁325～326。
〔註93〕轉引自張震澤校注，《揚雄集校注》（上海：上海古籍出版社，1993年10月），
　　　　頁261。

> 或問渾天？曰：下閎營之，鮮于妄人度之，耿中丞象之。幾乎！
> 幾乎！莫之能違也。請問蓋天？曰：蓋哉！蓋哉！應難未幾也。
> 〔註94〕

這是揚雄嘆美渾天說之言。此外，據載他還寫了〈難蓋天八事〉一文，由蓋天說的擁護者轉變成批判者。從這件事中可看出他追求真知識的精神，是毫不懈怠，且是不自封的。

此外，《法言》以水比喻為學應持之以恆，〈學行〉曰：

> 或問：進？曰：水。或曰：為其不捨晝夜與？曰：有是哉！滿而後
> 漸者，其水乎。〔註95〕

揚雄認為為學應像水流，不捨晝夜充盈之後再向前進。

綜觀《法言》所論為學方法，可知揚雄對於為學之重視，且其本身更是一位身體力行者，〈學行〉曰：

> 學以治之，思以精之，朋友以磨之，名譽以崇之，不倦以終之，可
> 謂好學也已矣。〔註96〕

這段話說明了為學應有的態度，汪疏曰：「學而不思則罔，故思以精之……；獨學而無友，則孤陋而寡聞，故朋友以磨之……；不以人爵為貴，故名譽以崇之」〔註97〕，加上循序漸進，持之以恆，如此便可稱之為好學者了。揚雄所論，結合了先秦以來儒者對為學態度的精神，可說是相當完備的。

（二）論為學功用

《法言》認為要將人們所具有的善質要轉化為現實的善，必須仰賴學行，前文曾引述〈學行〉：「學者所以修性也」、「孔子鑄顏淵」〔註98〕，再如：

> 或曰：學無益也，如質何？曰：未之思矣。夫有刀者礱諸，有玉
> 者錯諸，不礱不錯，焉攸用？礱而錯，諸質在其中矣。否則輟。
> 〔註99〕

「礱」、「錯」皆為治玉之名。揚雄將人性本質視為一種可雕琢的質地，以金玉之礱、錯、鑄比喻學行，表示人們為善或為惡，是透過後天的學行修養才

〔註94〕揚雄，《法言》，卷10，頁477。
〔註95〕揚雄，《法言》，卷1，頁49。
〔註96〕揚雄，《法言》，卷1，頁32～33。
〔註97〕揚雄，《法言》，卷1，頁33。
〔註98〕揚雄，《法言》，卷1，頁38、37。
〔註99〕揚雄，《法言》，卷1，頁26。

能表現出來的，因此「修性」成為《法言》教育思想的主要功用。從《法言》對人性論之思想著墨甚少，可知揚雄並不以人性的善惡問題作為其討論之主題，他所欲探究的，應是人們道德價值實踐的相關議題。只要人們行善之由的問題得到解答，那麼人性善惡的問題對揚雄而言，便不是亟需澄清的重點了。又由於他強調聖人之性與眾人之性相同，只要藉由學行修養，眾人亦可適聖道而為善，故學行修養，成為《法言》思想中內聖的主要工夫。

為學的主要功用在於修性，也就是由學行修養而成善行善。〈學行〉曰：

> 禮義之作有以矣夫。人而不學，雖無憂，如禽何？〔註100〕

〈修身〉曰：

> 修身以為弓，矯思以為矢，立義以為的，奠而後發，發必中矣。
> 〔註101〕

前述《法言》論及人之所以為人的準據時，認為唯有人的內在與外表都能符合禮義而行動，才足以配稱為人。這裡所說的內在，是指人性中善的部分，為促使人們能向善的一方發展，就必須藉由以禮義為主的學行。一旦離棄了禮義的學習，則人們便只能順由惡的方向發展，淪為禽獸了。現將人性與學行成善之關係列一簡要圖式如下：

（三）論為學目的

為學的目的，除了能使人往善的方向發展，進而達成禮義規範的實踐，成為真正的「人」之外，更進一步希望能夠學為君子、學為聖人、學為王者。

1. 學為君子

〈學行〉曰：

> 學者所以求為君子也。求而不得者有矣，夫未有不求而得之者也。
> 〔註102〕

〔註100〕揚雄，《法言》，卷1，頁53。
〔註101〕揚雄，《法言》，卷3，頁137。
〔註102〕揚雄，《法言》，卷1，頁54。

從上一節對揚雄論人的探討可知，《法言》所塑造的君子，主要是爲後世人提供一個可學習的對象，所謂的君子，即是一言一行都合於禮義的規範，篤行聖人之道者。此一觀點與孔子是相同的，《論語‧述而》云：「聖人吾不得而見之矣，得見君子者斯可矣。」〔註103〕孔子將君子的角色定位在僅次於聖人的境界，揚雄亦以爲君子乃次於聖人的修養位階，是一般人修持的表率。

〈寡見〉曰：

　　侍君子晦斯光，窒斯通，亡斯有，辱斯榮，敗斯成。〔註104〕

學爲君子，可說是成爲聖人的初步工作，因此《法言》一書對君子的論述相當多，約有五十處〔註105〕。這也顯示了揚雄竭力塑造君子形象，以作爲學者模範的用心。

2. 學為聖人

爲學以成君子後，再向上的境界便是學爲聖人。所謂聖人，是履行道德規範的最高標準，亦是君子之師。《法言》中所提及的聖人，包括堯、舜、禹、湯、文、武、周公、孔子等人，其中以孔子爲代表，文中盛讚孔子的論述相當多，在第貳章已有相當的討論，故不贅述。揚雄既推崇孔子，則爲學者自然以孔子爲楷模。〈學行〉曰：

　　或曰：顏徒易乎？曰：晞之則是。曰：昔顏嘗晞夫子矣，正考甫嘗
　　晞尹吉甫矣，公子奚斯嘗晞尹吉甫矣。不欲晞則已矣，如欲晞孰禦
　　焉。〔註106〕

「晞」，《說文》：「望也。」〔註107〕在此引申有向某個目標看齊之意。上面這則引文說明了顏淵以孔子爲學習對象，此外，又泛舉了儒家稱道的人物：宋襄公之臣正考甫、周宣王之臣尹吉甫、魯僖公之臣奚斯，用以強調這些賢人君子仍樹立榜樣加以學習，並不以眼前的成就而自滿。這些人主要的目的，便是希望能夠成爲聖人。

《法言》除了勉勵君子應致力學習成爲聖人外，亦指出學爲聖人的原則，〈修身〉曰：

〔註103〕同註74。

〔註104〕揚雄，《法言》，卷7，頁343。

〔註105〕黃開國，《揚雄思想初探》（四川：巴蜀書社，1989年11月），頁139。

〔註106〕揚雄，《法言》，卷1，頁54～55。

〔註107〕漢‧許慎撰、清段玉裁注疏，《說文解字注》（臺北：黎明文化事業，1991年），頁135。

聖人之辭可爲也，使人信之，所不可爲也，是以君子彊學而力行。
〔註108〕
君子以聖人爲模範，不單只是務爲聖人之辭，更應務爲聖人之學與行，才是成聖的不二法門。

3. 學爲王者

爲學的目的除了爲君子、聖人之外，還有學爲王者。前者係個人道德修養的期許，後者則是在人格理想達成之後，展現並回饋於天下，也就是儒家所說「內聖外王」中的「外王」。〈學行〉曰：

學之爲王者事，其已久矣。堯、舜、禹、湯、文、武汲汲，仲尼皇皇，其已久矣。〔註109〕

《法言》在此列舉了歷來聖人，莫不勸勉「學爲王者」之事。汪疏曰：「堯、舜、禹、湯、文、武學而得志，則大行其道；孔子學而不得志，則制春秋之義以俟後聖，其爲王者之事一也。」〔註110〕孔子雖沒能一展抱負、治理天下，但其作《春秋》，也是爲王者之事的表現。

從上分析《法言》爲學的三個目的來看，可發現這三個目的是漸進式的，是從最基礎的符合道德規範的君子，到全德的聖人，以至到學爲王者，揚雄建立了一個爲學由「內聖」而「外王」的完整目標，提供人爲學之方向。

值得注意的是，從《法言》的教育思想來看，可知揚雄以儒家道德論爲思想準則，重視人爲的作用，強調人們努力的成果，依此來看他的處世之道，應是積極入世，力求有所作爲的，但從《法言》中卻發現揚雄所論的處世之道，卻有所不同，〈修身〉曰：

珍其貨而後市，修其身而後交，善其謀而後動，成道也。〔註111〕

貨物珍美而後得售，爲人則應修身而後能處世交游，這說明了修身是處世的根本，又言「善謀而後動」，即要求一切行爲舉止都應先有充分的考慮、計畫，如此方爲成功之道。由這段話可知揚雄的處世之道，首要便是審愼地評估。

揚雄認爲處世必先審愼地評估所處的情勢，依據治世或亂世，而採取不

〔註108〕揚雄，《法言》，卷3，頁144。
〔註109〕揚雄，《法言》，卷1，頁47。
〔註110〕揚雄，《法言》，卷1，頁48。
〔註111〕揚雄，《法言》，卷3，頁145。

—89—

同的態度。〈問神〉曰：

> 或曰：龍必欲飛天乎？曰：時飛則飛，時潛則潛。〔註112〕

〈問明〉曰：

> 或問：君子？在治曰若鳳，在亂曰若鳳。或人不諭曰：未之思矣。
>
> 曰：治則見，亂則隱。〔註113〕
>
> 亨龍潛升，其貞利乎？或曰：龍何如可以貞利而亨？曰：時未可而
> 潛，不亦貞乎？時可而升，不亦利乎？潛升在己，用之以時，不亦
> 亨乎。〔註114〕
>
> 朱鳥翩翩歸其肆矣。或曰：奚取於朱鳥哉？曰：時來則來，時往則
> 往，能來能往者，朱鳥之謂與。〔註115〕

在此他用鳳及《周易》的龍來比喻君子的處世之道，說明君子的深居隱遁，或出仕為官，皆由時世之治亂而定。當社會太平時，便積極出仕而創造一番事業；當社會混亂，政治腐敗時，便隱居不現，這就是所謂「治則見，亂則隱」。他感嘆當時隱居山林之士往而不能返，朝廷之士入而不能出，二者皆有弊病，甚至不如「時來則來，時往則往」的飛鳥。這種時行時止的態度，便是揚雄在《法言》中所呈現的處世之道。

值得注意的是，《法言》在論隱現時，特別重視隱的方面。〈淵騫〉曰：

> 聖言聖行，不逢其時，聖人隱也；賢言賢行，不逢其時，賢者隱也；
> 談言談行，而不逢其時，談者隱也。……或問：東方生名過實者，
> 何也？曰：應諧不窮，正諫穢德。……或問：柳下惠非朝隱者與？
>
> 曰：君子謂之不恭。古者高餓顯，下祿隱。〔註116〕

聖人、賢人、談人若不逢其時，皆隱而不現。而所謂的隱者，一種是避世，即完全不參與社會的政治活動者，另一種是朝隱（祿隱），即指身在朝廷，享有奉祿，但不參與政事者。揚雄肯定的隱者是避世，對於朝隱則有所批評，因此他認為東方朔不配稱為隱者，因為這是古人所卑視的。

揚雄主張依治、亂世來決定出仕或隱避，目的是保身。〈問明〉曰：

〔註112〕揚雄，《法言》，卷5，頁219。
〔註113〕揚雄，《法言》，卷6，頁296。
〔註114〕揚雄，《法言》，卷6，頁301～302。
〔註115〕揚雄，《法言》，卷6，頁316。
〔註116〕揚雄，《法言》，卷11，頁711～712。

> 或問：活身。曰：明哲。或曰：童蒙則活，何乃明哲乎？曰：君子
> 所貴，亦越用明保慎其身也。如庸行翳路，衝衝而活，君子不貴
> 也。〔註117〕

這則引文與先前所引「或問：人何尚？曰：尚智」一條，都是主張尚智以明哲保身，遠離殺身之禍。他所說的「明哲」，就是洞悉安身之道，審慎行事之意。至於庸愚之人而行隱逸之路，則不知所趨嚮爲何，只是隨眾往來，這就不是君子所說的隱者了。

　　《法言》以禮義來衡量一切事物，這是符合於儒家思想的；而在處世態度上，則講明哲保身，這是較趨近於道家的主張，二者同時存在於揚雄思想及生活，並行而不悖，反應出個人思想與現實社會相互矛盾之下，知識份子所尋得的應對方式。

第三節　政治思想

　　《法言》的外王思想主要表現於治理天下國家的理論，此與傳統儒家思想並無二致。透過《法言》內容分析，可從其主張因時制宜，以探討爲政者之修身、治國三方面來論述。

一、因時制宜

　　《法言》所論的政治理想，是一種如同唐虞、成周時代的「泰和」境界，〈孝至〉曰：

> 或問：泰和。曰：其在唐虞、成周乎？觀書及詩溫溫乎，其和可知
> 也。〔註118〕

〈問神〉篇稱頌夏、商、周三代曰：

> 虞、夏之《書》渾渾爾，商《書》灝灝爾，周《書》噩噩爾。〔註119〕

揚雄認爲，從《尚書》的二典、《詩經》的大小雅中便可察見唐虞、成周之盛，體會到當時溫然和樂的情境。據李軌注「渾渾」爲深大，「灝灝」爲夷曠，「噩噩」爲不阿之意，可見夏、商、周三代的政治清明，是揚雄所稱頌的盛世，即所謂的「泰和」的境界。然而，要達到這種「泰和」的境界，並非一味的

〔註117〕揚雄，《法言》，卷6，頁303。
〔註118〕揚雄，《法言》，卷13，頁800。
〔註119〕揚雄，《法言》，卷5，頁239。

仿傚古聖人的治國之方，而是要因時制宜，〈問道〉篇中曾提及在堯、舜時代，國家法度清明，禮樂昭著，因此國君能夠「垂拱而視天下民之阜也」〔註120〕但到了後世，一切的法度、禮樂飽受破壞，國君豈能坐視人民困苦而不顧？因此，為政者應權衡實際，切合人民對現實的需要，〈問道〉曰：

> 或問：道有因無因乎？曰：可則因，否則革。〔註121〕

> 或問：新敝？曰：新則襲之，敝則益損之。〔註122〕

所謂的「道」，即合於禮樂的聖人之道，在此則泛指一切先王所為之事。揚雄認為，治理政事應該以實際情況為考量，因時制宜，前人的措施，能繼續施行者則因襲，不能繼續施行者則加以改革，這就是應變順時的概念。由此可知，他肯定了行事作為必須順應歷史的變化，反對食古不變。

據此，揚雄評論唐虞三代的歷史變化，〈先知〉曰：

> 或曰：以往聖人之法治將來，譬猶膠柱而調瑟，有諸？曰：有之。
> 曰：聖君少而庸君多，如獨守仲尼之道是漆也。曰：聖人之法未嘗不關盛衰焉。昔者堯有天下，舉大綱，命舜、禹，夏殷周屬其子，不膠者卓矣。唐虞象刑惟明，夏后肉辟三千，不膠者卓矣。堯親九族，協和萬國；湯武桓桓，征伐四克。由是言之，不膠者卓矣。禮樂征伐自天子所出，春秋之時，齊晉實與，不膠者卓矣。〔註123〕

揚雄以膠柱而調瑟來比喻堅據古法以應當世，是不可行的。正如同堯、舜以禪讓，夏、商、周三代則傳子，這種傳承方式乃是因時制宜的；再者堯、舜用象刑，夏后用肉刑；堯帝協合萬邦，湯武征伐四方，討伐不仁；這些都顯示了三代歷史的變化，雖三代君主行事各有不同，但因時制宜的原則卻是一致的。

此外，《法言》並不推崇太古洪荒時代，〈問道〉曰：

> 或曰：太上無法而治，法非所以為治也。曰：鴻荒之世，聖人惡之，是以法始乎伏犧而成乎堯，匪伏匪堯，禮義哨哨，聖人不取也。〔註124〕

揚雄所說的法，在第三章曾論及，乃是指禮義而言。「哨哨」有荒蕪之意。洪

〔註120〕揚雄，《法言》，卷4，頁197。
〔註121〕揚雄，《法言》，卷4，頁196。
〔註122〕揚雄，《法言》，卷4，頁199。
〔註123〕揚雄，《法言》，卷9，頁436。
〔註124〕揚雄，《法言》，卷4，頁185～183。

荒之世無禮樂制度，人與禽獸相近，是不值得推崇的。至堯、舜漸有文明，此階段自然比洪荒之世要進步，從這裡可看出揚雄肯定歷史是進化的。

為政者了解歷史之漸進及因時制宜的原則之後，便可切實做到「為政日新」，〈先知〉曰：

> 為政日新。或人敢問日新。曰：使之利其仁，樂其義，屬之以名，
> 引之以美，使之陶陶然之謂日新。〔註125〕

「為政日新」就是因時制宜，切合人民的需要。揚雄指出，以好的聲譽或受褒揚的美德來激勵、引導人民，讓人民能夠樂於行仁義，促使人民能夠愉快的生活，這就是為政的「日新」。

二、人君以德修身

揚雄認為一國之治，有賴於一國之君，〈先知〉曰：

> 或問：何以治國？曰：立政。曰：何以立政？曰：政之本，身也，
> 身立則政立矣。〔註126〕

> 或曰：齊得夷吾而霸，仲尼曰：小器。請問大器？曰：大器其猶規
> 矩準繩乎，先自治而後治人之謂大器。〔註127〕

〈孝至〉曰：

> 天地之得斯民也，斯民之得一人也，一人之得心矣。〔註128〕

人君治國的首要條件，在於自身的道德修養，也就是「身立」。治亂之道，就繫於執政者之德性能否付諸實踐，由「自治」而後得以「治人」，即以德治民；因此，人民得以安居樂業，必須仰賴於國君，而國君對於社會、人民的作用，則歸諸於國君之心的作用，而這個心的作用，是指精神修養，也就是修德。此即是《法言》強調人君以德修身的原因，是故〈孝至〉篇又言：「或問大？曰：小。問遠？曰：邇。未達。曰：天下為大，治之在道，不亦小乎？四海為遠，治之在心，不亦邇乎？」〔註129〕天下雖廣大，但治理的方法不過是聖人之道，四海雖遼闊，但治理四海只不過靠人君一人之心，因此揚雄以小應大，以近應遠。

〔註125〕揚雄，《法言》，卷9，頁433。
〔註126〕揚雄，《法言》，卷9，頁427。
〔註127〕揚雄，《法言》，卷9，頁443。
〔註128〕揚雄，《法言》，卷13，頁795。
〔註129〕揚雄，《法言》，卷13，頁797。

　　《法言》如此重視人君對國家治亂之影響，從當時傳統專制政權來看，並無不妥，這表示揚雄對於人君在專制政治中的作用，有一定程度的了解；然而，他又特別強調國君之心的作用，以爲國君之心是社會的決定因素，此觀點似乎是誇大了人君的作用。所謂「身立則政立」，表示只要國君自身道德修養完備，則德治便能施行，但事實上，影響一國之治亂的因素相當多，國君之心雖是重要因素，卻非唯一因素，若是揚雄能透過人君及其精神，來探討更深層次的動因，則其理論將更趨於完整。

　　《法言》論爲政者以德修身之功效，首先在於能夠正身以臨百官，覽察群臣，考察其功績，〈先知〉曰：

　　　　或曰：正國何先？曰：躬工人績。〔註130〕

據李軌注曰：「言先正身以臨百官，次乃覽察其人，考其勳績也。」〔註131〕由此便可知揚雄治國首重人君道德修養，其次就是考核官吏。對於君臣關係，《法言》主張上下分際應明確，〈問神〉曰：

　　　　衣而不裳，未知其可也，裳而不衣，未知其可也，衣裳其順矣乎。

　　　　〔註132〕

揚雄藉由衣裳間的上下關係來說明君臣之分際，以衣喻君，裳喻臣，則君臣間的上下尊卑便確定下來；同時，他又認爲二者地位在治理國家上，具有相同的重要性，缺一不可，正如「衣而不裳」或「裳而不衣」都「未知其可也」。

　　據此可知，人君選擇良臣以爲股肱，亦是《法言》所重視的，〈五百〉言：「經營然後知幹楨之克立也。」〔註133〕經營宮室、立城郭須以楨幹爲棟樑，治理國家則應起用賢才爲一國之棟樑。因此，擇臣以賢才爲先，而所謂的賢才，就是崇奉儒家正道的儒者，〈寡見〉曰：

　　　　或問：魯用儒而削，何也？曰：魯不用儒也。昔在姬公，用於周，
　　　　而四海皇皇奠枕于京；孔子用於魯，齊人章章歸其侵疆，魯不用眞
　　　　儒故也，如用眞儒，無敵於天下，安得削？〔註134〕

以眞儒爲臣，便能夠「無敵於天下」，足見賢才輔助人君治理天下之重要性了。

〔註130〕揚雄，《法言》，卷9，頁445。
〔註131〕揚雄，《法言》，卷9，頁445。
〔註132〕揚雄，《法言》，卷5，頁262。
〔註133〕揚雄，《法言》，卷8，頁417。
〔註134〕揚雄，《法言》，卷7，頁355。

所謂眞儒，就是指那些眞正奉行儒家道德規範者。國君選用人才，應用眞儒，〈先知〉曰：「或問政核？曰眞僞。眞僞則政核，如眞不眞，僞不僞，則政不核。」〔註135〕「政核」意即爲政之實，眞者眞之，僞者僞之，則一切政事便能得其序而順之，那麼德治的施行自然無礙。

三、以德治國

以德治國是儒家政治主張的一貫原則，人君以德修身之目的即在於能夠以德治國，以達到天下「泰和」的境界。〈寡見〉曰：

> 魏武侯與吳起浮於西河，寶河山之固，起曰：在德不在固。曰：美
> 哉言乎，使起之固兵每如斯，則太公何以加諸？〔註136〕

〈先知〉曰：

> 或曰：爲政先殺後教。曰：於乎！天先秋而後春乎，將先春而後秋
> 乎。〔註137〕

> 民可使覿德，不可使覿刑。覿德則純，覿刑則亂。〔註138〕

山河險要雖足以保國不受外來侵害，然此卻非眞正保國治民之道，唯有以德爲根本，才足以保國。另一方面，揚雄說明了德治具有天、人兩方面的根據：就天而言，德治的「先教後殺」的原則符合了一年四季先春後秋的自然變化；就人而論，德治亦是最切合人民的，由於人性是善惡相混，若以德引導人民，就可使之向善發展，則能日趨淳厚，若以武力刑罰來防範人民，則人民爲避刑罰而作僞，那麼奸亂必將日增。如此一來，以德治國的合理性便有了完整的論述。

有關《法言》所論及的德治，包括了施行仁政、教化人民、反對峻法三方面：

（一）施行仁政

《法言》認爲施政的好壞，須依人民的反映來做決定，而人民的反映主要表現在思、厭兩種態度上，〈先知〉曰：

> 於戲！從政者審其思厭而已矣。或問：何思何厭？曰：老人老，孤

〔註135〕揚雄，《法言》，卷9，頁450。
〔註136〕揚雄，《法言》，卷7，頁347。
〔註137〕揚雄，《法言》，卷9，頁446。
〔註138〕揚雄，《法言》，卷9，頁448。

> 人孤，病者養，死者葬，男子畝，婦人桑之謂思；若汙人老，屈人
>
> 孤，病者獨，死者逋，田畝荒，杼軸空之謂戁。〔註139〕

這裡所說的「思」，是指人民所企望的生活形態，而上面所列舉的內容，實際
上就是所謂的「各得其所」之意；至於「戁」，是指人民所厭苦之事，意即生
活困苦不安。為政者應去戁就思，如此便是善政。《法言》這一觀點，即傳承
了《大學》所說的「民之所好好之，民之所惡惡之」〔註140〕之精神。

依此精神，可知人民的角色是處於被動的，他們無法對善政或惡政做選
擇，只能無條件的接受，由此就更彰顯施政者的重要性了，〈先知〉篇中言人
民有三憂：

> 或問：民所勤？曰：民有三勤。曰：何哉所謂三勤？曰：政善而吏
>
> 惡，一勤也；吏善而政惡，二勤也；政吏駢惡，三勤也。禽獸食人
>
> 之食，土木衣人之帛，穀人不足於晝，絲人不足於夜之謂惡政。
>
> 〔註141〕

「勤」，憂苦之意；「政」，政令。政善而吏惡，則徒法不能以自行；吏善而政
惡，則徒善亦不足以為政。人民的憂苦皆由於掌權者的昏庸無能，故人民的
思、厭，只是善政或惡政的被動表現而已。雖然以現今而言，這種觀點雖構
不上所謂「民本」的思想，但揚雄希望君主以人民思、厭為施政優劣的依歸，
仍是充滿著關切人民的仁愛精神。

除了重視人民的思、厭外，《法言》亦論及了一些施行仁政的具體措施，
包括：改革田制與稅制，促使人民富裕，〈先知〉曰：

> 什一，天下之中正也，多則桀，寡則貉。〔註142〕
>
> 井田之田，田也；肉刑之刑，刑也。田也者，與眾田之；刑也者，
>
> 與眾弃之。〔註143〕

揚雄主張納收入所得十分之一為稅，是最恰當的，過與不及，都是不妥的；
而施行的田制或刑罰，無論豐耗、美惡皆與民共，如此不但是保民，亦促使
人民富有，〈孝至〉有言曰：「君人者，務在殷民阜財，明道信義。」〔註144〕

〔註139〕揚雄，《法言》，卷9，頁428。
〔註140〕朱熹，《四書集註‧大學章句》（北京：中華書局，2003年），頁10。
〔註141〕揚雄，《法言》，卷9，頁433。
〔註142〕揚雄，《法言》，卷9，頁456。
〔註143〕揚雄，《法言》，卷9，頁457。
〔註144〕揚雄，《法言》，卷13，頁820。

這可說是施行仁政的目標。

（二）教化人民

《法言》反對以「塗民耳目」的方式來治理人民，強調以禮樂教化人民，〈問道〉曰：

> 或問：太古塗民耳目，惟其見也，聞也。見則難蔽，聞則難塞。曰：
> 天之肇降生民，使其目見耳聞，是以視之禮，聽之樂，如視不禮，
> 聽不樂，雖有民焉，得而塗諸。〔註145〕

人生而賦予目見耳聞的本能，若欲蔽塞人民的耳目，是不可能的，因此，從人性善惡混的觀點來看，人們必須藉由學行而成善行善；從統治者的觀點而論，則必須教化人民，使其行爲舉止合於規範，不會因散亂而不可制。而教化則以禮樂爲先，〈問道〉曰：

> 允治天下，不待禮文與五教，則吾以黃帝、堯、舜爲疣贅。〔註146〕

所謂「五教」，據應邵注《漢書・百官公卿表》曰：「五教，父義、母慈、兄友、弟恭、子孝也。」〔註147〕可知「五教」即是指儒家的倫理規範，〈問道〉又言：「聖人之治天下也，礙諸以禮樂，無則禽，異則貉。」〔註148〕這裡所言「礙諸以禮樂」即「成之以禮樂」之意。揚雄認爲施政除了要「殷民阜財」之外，還要以禮樂等儒家規範來教化人民，達到化民成俗的目的，這是統治者必須切實執行的工件，因爲人民透過教化，便能揚善去惡，遵守各種規範，則社會自然能夠合諧，〈先知〉曰：

> 吾見玄駒之步，雉之晨雊也，化其可以已矣哉。〔註149〕

《法言》以螞蟻步行於驚蟄之後、雄雞鳴叫於清晨之時爲喻，表示動物尚能感陽應節而受自然之化，更何況人民受禮樂之教化而遷善，更是不容置疑的了。

除了以禮樂教化人民之外，《法言》還提到了相關的條目，〈先知〉曰：

> 或曰：人君不可不學律令。曰：君子爲國張其綱紀，謹其教化。導
> 之以仁，則下不相賊，苙之以廉，則下不相盜，臨之以正，則下不

〔註145〕揚雄，《法言》，卷4，頁198。
〔註146〕揚雄，《法言》，卷4，頁185。
〔註147〕班固，《漢書》（臺北：鼎文書局，1980年），頁723。
〔註148〕揚雄，《法言》，卷4，頁192。
〔註149〕揚雄，《法言》，卷9，頁446。

相詐，修之以禮義，則下多德讓，此君子所當學也，如有犯法則司
獄在。〔註150〕

《法言》所說的律令，並不是一般人所說的刑罰，而是指綱紀而言的。治國
的綱紀就是德治，因此教化人民的內容必定是與儒家的道德論相同，上述引
文中「導之以仁」、「莅之以廉」、「臨之以正」、「修之以禮義」等文，皆不出
其範圍。

（三）反對峻法

這裡所說的「峻法」，是指先秦法家之法，此為揚雄所極力反對的。〈寡
見〉曰：

或曰：因秦之法，清而行之，亦可以致平乎？曰：譬諸琴瑟，鄭、
衛調，俾夔因之，亦不可以致簫韶矣。〔註151〕

由於秦法乃是延續了法家以酷刑蹂躪人民之法，因此是不足以治國的，猶如
鄭、衛之聲不可以為雅樂，即使以樂師夔奏之，亦無法奏成如舜時的簫韶之
音。揚雄對於法家專任刑戮、以及秦法殘暴，皆有嚴厲的抨擊，已於前文有
所論述。因此，他在此強調秦法非治國之道，是必然的。

秦朝專任刑罰以治國的結果，便是快速的亡國，〈寡見〉曰：

秦之有司負秦之法度，秦之法度負聖人之法度。秦弘違天地之道，
而天地違秦亦弘矣。〔註152〕

汪氏疏曰：「秦負聖人之法度，是為弘違天地之道；而天假手於有司，使負其
法度以亡秦，是天地違秦亦弘也。」〔註153〕天地之道指聖人的法度，而所謂
聖人法度，據〈問道〉曰：「法者，謂唐虞、成周之法也。」〔註154〕則可知揚
雄所認定的法度乃是唐虞、成周的禮義之法。凡是有違禮義之法度者，便不
是真正的法度，若治國不以禮義之法度，則必將覆亡。

揚雄所說的「法」，既為聖人之道的另一說法，因此〈先知〉曰：

為國不迪其法，而望其效，譬諸算乎！〔註155〕

治理國家不守其法，而企望其有所成效，正如同計數而不運用籌碼，卻要定

〔註150〕揚雄，《法言》，卷9，頁441。
〔註151〕揚雄，《法言》，卷7，頁367。
〔註152〕揚雄，《法言》，卷7，頁370。
〔註153〕揚雄，《法言》，卷7，頁370。
〔註154〕揚雄，《法言》，卷4，頁209。
〔註155〕揚雄，《法言》，卷9，頁459。

其數，是不可能的。可見，他所說的法治，其實就是德治。

　　綜合《法言》外王思想來看，雖大多數是承襲先秦儒家的觀念而加以發揮，但有些觀點仍反應出揚雄思想之特點，如提出因時制宜的觀點，除了本於孔子的因革損益的看法外〔註156〕，強調「新則襲之，敝則益損之」的觀點，表示他重視時代進化的必然性，亦可看出由於他身處於朝代交替之際，故特別強調爲政者應權衡實際而有所因革的用心，對於王莽好言古制以行己私，事實上亦有所指喻。此外，提出爲政者應考的量人民的思、厭爲施政方針，指出人民有「三勤」，也反應了西漢末年人民生活的情況，指出當時政治社會的最大問題。

　　至於《法言》強烈反對以峻法治民，除根源於爲政應「先教後殺」的德治精神外，也反應了長期處於嚴刑酷法之下人民的願望。分析了以峻法治國之不足取法，重申以禮樂教化人民的必要，儘管仍是以統治者的立場立論，但比之「涂民耳目」的統治原則，無疑是較爲進步的。

〔註156〕《論語・爲政》:「子張問:十世可知也?子曰:殷因於夏禮,所損益可知也;
　　　　周因於殷禮,所損益可知也。其或繼周者,雖百世可知也。」《十三經注疏》
　　　　本（臺北:藝文印書館,1991 年）

第五章　《法言》思想之時代意義

　　揚雄著作之思想價值，歷來評價不一。對於這些評價，現代學者曾做過一番整理〔註1〕，透過這些整理來看，大抵由東漢至北宋間多為正面之評價，甚至被譽為孟、荀之亞；北宋以後則多訾毀。探究毀譽所以不同之因，可歸為二點，一是其晚年曾於新莽政權下為官，這種仕宦二朝的行為，有違傳統士大夫所強調的「忠臣」之精神；一是認為其著作《太玄》、《法言》皆為仿古之作，缺乏創見。關於前者，已於第參章有所論述，至於後者，據《漢書·揚雄傳》曰：

> 　（雄）實好古而樂道，其意欲求文章成名於後世，以為經莫大於《易》，故作《太玄》；傳莫大於《論語》，作《法言》；史篇莫善於《蒼頡》，作《訓纂》；箴莫善於《虞箴》，作《州箴》；賦莫深於《離騷》，反而廣之；辭莫麗於相如，作四賦；皆斟酌其本，相與放依而馳騁云。〔註2〕

班固這段論述是對揚雄著作擬古傾向的闡釋，也成為後世學者評估其思想價值的依據，認為其一生著作，無非模擬而已。然實際上，揚雄之企圖心絕非僅止於仿作古人之典籍，而是要超越前人，流傳於後世，因此他選擇了古籍中最為卓越者而以己意倣作之，故其著作在擬古名義下，仍有其可觀之處，

〔註1〕如李周龍，《揚雄學案》（臺北：臺灣師範大學國文所博士論文，1979年）；藍秀隆，《揚子法言研究》（臺北：文津出版社，1989年）；陳福濱，《揚雄》（臺北：東大圖書，1993年）。其中陳福濱將其分類為襃揚之論與抑揚之論兩大類，並收錄當代學者如徐復觀、馮友蘭、韋政通、勞思光、羅光等人之評論。李周龍則將其分類為推崇之者、貶抑之者、毀譽參半者三大類，並從中細分出譽（或毀）其道德人品者、才學著述者……等，其分類甚詳。

〔註2〕漢·班固，《漢書》（臺北：鼎文書局，1980年），頁3513～3557。

這是首先必須釐清的。

　　揚雄《法言》一書的撰寫，大抵以儒家倫理道德爲主軸而展開，透過模仿《論語》的問答形式中反思了西漢學術的諸多問題，並由反思的基礎上建立新的思想，昭示其時代價值。張岱年先生認爲評價學術思想的標準主要有二：第一，是否符合客觀實際；第二，是否符合社會發展的需要。所謂符合社會發展的需要，又有兩層含義：在社會的和平發展時期應有維持社會生活正常進行的作用；在社會變動的時期應有革舊立新的作用〔註3〕。本文擬以《法言》由摹擬到反思，再由反思到創說的歷程爲基點，來檢視《法言》一書之思想，並依據張岱年先生所提出的兩個標準來評價其思想價值。

第一節　由摹擬到反思

　　據《漢書・揚雄傳》所載，《法言》乃擬《論語》而作。由全書的文體來看，其形式確與《論語》相同，皆以問答的方式呈現其思想，唯《論語》乃孔子弟子之門人所撰錄孔子與弟子的言語行事，非出於同一人之手筆，且紀錄有先有後，「其間相距或者不止於三、五十年」〔註4〕。而《法言》則由揚雄獨自著成，於創作時間上必短於《論語》一書，同時，由於《論語》乃是匯集了各個弟子所記載的孔子之言論，故書中出現了許多重複的字句〔註5〕，相較於《法言》一書，雖班固載「故人時有問雄者，常用法應之……號曰《法言》」〔註6〕，然深究書中之問答內容，可知多半是揚雄爲闡揚自身思想而設問、回答的。因此，《法言》雖力追《論語》的文體，然其構思、創作的精神卻大不相同。

　　關於《法言》摹擬《論語》文體的部分，徐復觀先生認爲，由於揚雄無法擺脫賦體的舖排繁縟，因此用奇字、造新句的特性仍主導著《法言》的文體，他說：「《法言》字句的結構長短，儘管與《論語》極爲近似，但奇崛奧

〔註3〕張岱年，《中國倫理思想研究》（臺北：貫雅文化，1991年），頁9。
〔註4〕楊伯峻編著，《論語譯注》導言（臺北：藍燈文化事業，1987年），頁5。
〔註5〕如「巧言令色，鮮矣仁」乙文，先見於〈學而〉篇，又重出於〈陽貨〉篇；再如「博學於文，約之以禮，亦可以弗畔矣夫！」乙文，先見於〈雍也〉篇，又重出於〈顏淵〉篇。《十三經注疏本》（臺北：藝文印書館，1991年）。
〔註6〕同註2。

衍的文體，與《論語》的文體，實形成兩個不同的對極。若說《論語》的語言，與人以『圓』的感覺，《法言》的語言，卻與以人『銳角』的感覺。」
〔註7〕此一說法對《法言》似乎有欠公允，據近世學者取《法言》擬之於《論語》的文辭相對照〔註8〕，即可看出《法言》的文辭不但沒有「奇崛奧衍」，且是相當簡明的。

《法言》透過了形式的摹擬，進而反思了西漢末年學術上的各種問題，包括設置經學博士所造成之弊端，以及各種學說詭辭之惑眾等現象，揚雄以先秦儒學爲原則，針對這些現象提出了批評；在這反思的過程中，一方面強調孔、孟思想爲唯一眞理，但另一方面爲了痛擊那些弊端，其所提出的言論卻與孔、孟思想不盡相同，甚至有所矛盾，茲列述於下：

一、天命與人爲

西漢學術思想在揚雄之前大致經歷了兩個階段：先是漢初黃老之學的興盛，後是董仲舒所建立起的「天人感應」思想。從時代的要求來看，董仲舒以儒家爲主，並兼融了道家、陰陽家等各學派而形成其思想體系，他的目的一是「屈民而伸君」，由於君王的權力是上天授予的，故人民必須服從君主；一是「屈君而伸天」，即用天的權威來約束君王〔註9〕。這一體系對當時社會秩序的穩定、中央集權的鞏固的確發生了效用，但是，隨著西漢王權的沒落、衰亡，加上這一體系衍生出的災異、符命、讖緯之說，這套「天人感應」思想體系已成爲阻礙思想發展的理論，而揚雄處於這一亟需突破的關鍵時代，其仿《論語》而作的《法言》，便成爲最先抨擊神學迷信的著作。

爲了駁斥「天人感應」之說，《法言》強調「天」的自然無爲之性，這種關於自然天的見解，向上可溯源至《荀子·天論》所云：「天行有常，不爲堯存，不爲桀亡。……受時與治世同，而殃禍與治世異，不可以怨天，其道然也。」又云：「治亂天邪？日：日月、星辰、瑞曆，是禹、桀之所同也，禹以治，桀以亂，治亂非天也。」〔註10〕這批判了有意志、有目的的主宰之天，

〔註7〕徐復觀，《兩漢思想史（卷二）》（臺北：臺灣學生書局，1993年），頁502。

〔註8〕如藍秀隆《楊子法言研究》、李周龍《揚雄學案》等，歸納出《法言》在體例上、句法上、文意上象式《論語》，同註1。

〔註9〕周桂鈿，《中國傳統哲學》（北京：北京師範大學出版社，1991年3月），頁8。

〔註10〕清·王先謙，《荀子集解》（北京：中華書局，1992年2月），頁306～320。

向下則連接東漢思想家批評天命之思想，如桓譚延續揚雄論述天「無爲之爲」的觀點，駁斥劉伯玉之說，在《新論・袪蔽》云：殺人藥「非天故爲作也。」〔註11〕表示毒藥能殺人，並非出於天有意識、有目的之安排；再如王充也繼承揚雄的觀點，並加以發揮，《論衡》曰：

> 春觀萬物之生，秋觀其成，天地爲之乎？物自然也。〔註12〕

> 自然無爲，天之道也。〔註13〕

雖然這種天道自然論的提出，與當時王充積極參與天文的爭論，而體認到天道是自然無爲有關，然從學術思想史的角度來看，這又未嘗不是對揚雄自然之天說的進一步發揮。王充根據天是自然、沒有意識的觀點，進一步推論出天不會與人產生精神感應，他說：

> 夫人不能以行感天，天亦不隨行而應人。〔註14〕

人們無法以自己的行爲去感動上天，上天亦不會因人們的任何行爲而產生反應。這就明確的否定了天人感應說了。人既然不能動天，那麼董仲舒的雩祭求雨，當然也是徒勞無功的，他說：

> 董仲舒求雨……水異川而居，相高分寸，不決不流，不鑿不合。誠令人君禱祭水旁，能令高分寸之水流而合乎？夫見在之水，相差無幾，人君請之，終不耐行。況雨無形兆，深藏高山，人君雩祭，安耐得之？〔註15〕

王充的這番話與揚雄於《法言・先知》的批評：「象龍之致雨也，難矣哉！」相較之下，顯然更爲明確詳盡，探究原因，除了以揚雄之觀點爲基礎外，也由於東漢的自然科學之發展又比西漢更加興盛之故。

與天相關的，就是「命」的議題。揚雄雖承認有「命」的存在，但不認爲一切事物皆由於「命」，〈問明〉曰：

> 或問：命？曰：命者，天之命也，非人爲也，人爲不爲命。請問人爲？曰：可以存亡，可以死生，非命也，命不可避也。或曰：顏氏之子、冉氏之孫。曰：以其無避也，若立巖牆之下，動而徵病，行

〔註11〕漢・桓譚，《新論》（臺北：臺灣中華書局，1966年）。
〔註12〕漢・王充，〈自然〉，《論衡》（臺北：世界書局，1962年），卷18，頁367。
〔註13〕漢・王充，〈初稟〉，《論衡》，卷3，頁59。
〔註14〕漢・王充，〈明雩〉，《論衡》，卷15，頁311。
〔註15〕漢・王充，〈明雩〉，《論衡》，卷15，頁313。

而招死，命乎！命乎！〔註16〕

揚雄認爲在人事行爲上可以生存但卻自取死亡者，並非所謂的天命，只有完全不可避免的才叫做命。他這番話雖然仍是承襲了孔、孟所論之命的觀念，但著眼點卻有所不同：孔、孟所說的命，是指人力所無可奈何者：

君子有三畏：畏天命，畏大人，畏聖人之言。〔註17〕

道之將行也與？命也。道之將廢也與？命也。〔註18〕

莫之爲而爲者，天也。莫之致而致者，命也。〔註19〕

孔子認爲人們做任何事情之成功或失敗，並非做此事之個人之力量所能決定，但也不是個人以外任何人或任何其它一件事情所能決定，而乃是環境一切因素之積聚的總和力量所使然〔註20〕。換言之，作事者是個人，最後決定者卻非任何個人，而是所謂的命。因此，當孔子理想無法施行時，並不自悔或怨人，只好歸於命。孟子的看法與孔子是相同的，以爲未嘗致之而結果竟然如此者，便是命。

大體而言，孔、孟對於命的說法，大都傾向於對命的莫可奈何之感。揚雄雖然亦承認有命的存在，但他更強調人爲的作用，其目的在於反擊當時盛行的天人感應思想。甚至對於孟子所言「五百年必有王者興」提出異議，目的也是相同的。由此亦可看出《法言》在奉行先秦儒家思想，倡導孔孟學說之餘，仍然能顧及時代的情勢，進而提出符合社會發展的見解，這一部分是值得肯定的。唯不可諱言，揚雄仍深受「君權神授」觀念之影響，在《法言》中亦曾出現類似肯定天意存在之言論，〈重黎〉曰：

昔在有熊、高陽、高辛、唐、虞、三代，咸有顯懿，故天胙之，爲

神明主，且著在天庭，是生民之願也，厥饗國久長。〔註21〕

這一觀點具有相當濃厚的「意志天」思想，與自然無爲的天道觀是不相容的，顯示了他還未能完全擺除天人感應的理論框架。

〔註16〕漢・揚雄撰，清・汪榮寶疏，《法言義疏》（臺北：世界書局，1981 年，以下書名簡稱《法言》），卷 6，頁 290。

〔註17〕《論語・季氏》，同註5。

〔註18〕《論語・憲問》，同註5。

〔註19〕《孟子・萬章》，同註5。

〔註20〕張岱年，《中國哲學大綱》（北京：中國社會科學出版社，1994 年 12 月），頁399～400。

〔註21〕揚雄，《法言》，卷 10，頁 538。

二、尊孔崇經與道有因革

漢武帝獨尊的儒術與先秦儒學已不盡相同，至西漢後期的儒學，距離先秦儒學又更遠，但卻始終標榜著孔子的名號，是故出現了名、實不符的現象。揚雄注意到了這一現象，並批評這是「羊質而虎皮」，即當時儒學在名義上雖以孔子為宗，但在實質上卻不同於孔子的學說。須注意的是，他的論述並不是對這個現象做歷史的評析，而是從維護儒學的正統為出發，對當時現象加以譴責。因此，《法言》極力尊崇孔子之道，視其為評斷是非的標準，主要的目的，當然是希望以孔子和五經來統一當時紛擾的學術局面，由這一角度來看，這與董仲舒所倡的「獨尊儒術」是相似的。

另一方面，《法言》對孔子絕對化的尊崇，視五經為絕對真理，展現揚雄維護儒學原貌的用心，但從他對孔子的讚頌中，卻少有落實於生活、生命的敘述。如〈五百〉篇讚孔子曰：「仲尼，神明也」、「聖人之言遠如天」〔註22〕，這些論述皆沒有觸及到孔子予人們道德生活的實際闡發，反而是空廓而無具體意義。徐復觀先生認為揚雄所把握到的孔子，只是外在的摸索，其原因是「他建立《太玄》這種形而上的系統，不知不覺的會從形上的觀點去了解孔子，了解聖人，不能從中庸之道的庸言庸行中去把握孔子的偉大。」〔註23〕這一說法顯然已道出揚雄對孔子思想內涵的侷限性。

依此來看，《法言》對孔子的理解，雖一如孟子、司馬遷、董仲舒等人一樣，相當的尊崇，但卻是以自己的觀點來詮釋的。這一種情形並非只出現於揚雄身上，事實上，歷來思想家對孔子的解析，又未嘗不是以自身的觀點加以詮釋？若把這種不同觀點的解析視為一種創造過程，那麼每一次所作的解析與反省，都將創造出新的詮釋。梁啟超先生曾論及孔子在歷來各個思想家詮釋之下的情形：

> 寖假而孔子變為董江都、何邵公矣，寖假而孔子變為馬季長、鄭康
> 成矣，寖假而孔子變為韓退之、歐陽永叔矣，寖假而孔子變為程伊
> 川、朱晦庵矣，寖假而孔子變為陸象山、王陽明矣，寖假而孔子變
> 為顧亭林、戴東原矣。〔註24〕

由此便可理解，歷來思想家們對孔子的詮釋是各有不同的。《法言》對孔子的

〔註22〕揚雄，《法言》，卷8，頁394、399。
〔註23〕同註7，頁509。
〔註24〕梁啟超，《清代學術概論》（臺北：水牛出版社，1981年），頁143～144。

詮釋，傾向於外在的絕對尊崇，這樣的尊崇對於當時學術風氣的發展並沒有太大的實質幫助，只是更加鞏固了孔子的偶像地位，由這一角度來看，這與讖緯神化孔子，雖形式略有不同，但所造成的結果卻是相似的。

此外，揚雄視孔子的言行為一種絕對的準則，如〈吾子〉曰：「好書而不要諸仲尼，書肆也；好說而不要諸仲尼，說鈴也。」又言：「聖人之書、言、行，天也。」〔註25〕這樣的絕對推崇，毫無選擇、質疑的態度，容易造成學者只就孔子的語錄或經書做註腳，完全忽略了學術思想在變動時期應有的革舊立新作用，也與他所說的道「可則因，否則革」有所相違。由此顯示出揚雄一方面力求突破當時儒學受異說束縛的困境，另一方面卻又無法擺脫舊有學風的影響，於是造成《法言》中出現相互矛盾的觀點。然必須了解的是，《法言》的思想理論雖未能達到完全的一致性，但做為首位對西漢學術提出批評的思想家，實已跨出了最艱難的第一步，對於日後繼之而起的學者，有著啟發的作用。

三、批判諸子與截取諸子思想

《法言》批判諸子的動因，除了仿傚孟子為維護聖人之道而批判諸子外，事實上也是由於諸子學在西漢末年仍有相當的影響力〔註26〕，而這股力量已使得儒學本質產生了極大的變化，這對於極力復興儒學原始面貌的揚雄而言，當然是無法允許的。從社會發展的角度來看，各種無證驗之說充斥，五德終始、讖緯神怪等諸說，確實已撼動了西漢末年的社會根基，故揚雄對諸子的批判，是在情勢必然之下進行的。

從《法言》的〈問道〉篇所言：「吾見諸子之小禮樂也，不見聖人之小禮樂也。」及〈君子〉篇言：「諸子者，以其知異於孔子也。」〔註27〕可知揚雄將聖人與諸子的分歧歸結在重視禮樂與否，這是由儒家倫理的角度來評斷的。這一種評斷的角度，是延續了孟子的批判精神，孟子言曰：「楊氏為我，

〔註25〕揚雄，《法言》，卷4，頁192。
〔註26〕漢武帝雖罷黜百家，但並沒能真正取消諸子學。諸子百家仍繼續存在，如道家的黃老之學，於《漢書》、《後漢書》中便載有許多黃老學者；法家的刑名之學與儒學相雜，構成了武、宣時期王道、霸道相雜的統治思想；而陰陽五行學說則被董仲舒等學者吸收到儒學，進而構成了漢代儒學的重要內容，故可知諸子學至漢代並未消失，且具有一定之影響力。
〔註27〕揚雄，《法言》，卷12，頁734。

是無君也；墨氏兼愛，是無父也。無父無君，是禽獸也。」〔註28〕無君是不忠，無父是不孝，而不忠不孝便是違反了儒家倫理綱常，這樣的人在孟子看來，是不足以配稱爲人的。揚雄承繼了孟子的觀點，並加以發揮，彰顯了倫理綱常在儒家的重要性，「後世儒家批判道教、佛教，同樣是以儒家的綱常倫理爲依據的，這無疑是受到揚雄諸子批判的影響。」〔註29〕

值得注意的是，《法言》一方面以儒家的倫理綱常爲基礎去批判諸子各家理論，另一方面卻又坦言吸收了老子、莊子、鄒衍的部分思想，這是相當特出的。尤其是揚雄所肯定的思想集中在少欲、自持的人生修養論上，顯示了他在檢視諸子理論的過程中，並非一味地排斥、抨擊，而是從中截取了那些足以做爲處世資具的思想，用以因應當時社會的情勢。又由於揚雄曾受業於道家學者嚴君平，故受《老子》一書影響頗多，在《法言》中除了人生修養論之外，甚至部份的政治理念亦襲自《老子》，如《法言》的〈寡見〉曰：

> 侍君子晦斯光，窒斯通，亡斯有，辱斯榮，敗斯成。〔註30〕

將這段文字比照於《老子》所言：

> 曲則全，枉則直，窪則盈，敝則新，少則得，多則惑……。〔註31〕

可明顯地看出二段文字不但形式相似，且含義亦是相近的，這是在修養論上受《老子》影響之例；在政治理念上，〈寡見〉曰：

> 惠以厚下，民忘其死；忠以衛上，君念其賞；自後者，人先之；自
> 下者，人高之，誠哉是言也。〔註32〕

這段話是指國君對待人民的態度，應是薄於己而厚於民，這就是「自後」的表現；而人民將受國君「自後」的感召而以死報之，故能「自後者，人先之」。同樣的道理，國君應該謙恭卑下以尊顯人民，才能收到「人高之」的效果。這一觀點與《老子》之論，亦有極相近之處：

> 江海所以能爲百谷百者，以其善下之，故能爲百谷王。是以聖人欲
> 上民，必以言下之；欲先民，必以身後之。〔註33〕

從揚雄所提出的這些觀點中可了解，雖然《法言》標榜著欲恢復先秦儒學之

〔註28〕《孟子・滕文公下》，同註5。
〔註29〕黃開國，《揚雄思想初探》（四川：巴蜀書社，1989年11月），頁34。
〔註30〕揚雄，《法言》，卷7，頁343。
〔註31〕黃登山，《老子釋義》（臺北：臺灣學生書局，1991年），頁102。
〔註32〕揚雄，《法言》，卷7，頁363。
〔註33〕同註31，頁293。

使命，但事實上其思想亦非原始的先秦儒學了。即使如此，卻不能由此而否定它存在的價值，以當時社會劇烈變動的情勢來看，揚雄所論述的處世之道，是與現實環境相當契合的；從思想發展的角度來看，一種理論能吸收其它理論以因應人們的需要，那麼它的存在必會受到重視。事實亦證明，《法言》成書後，在當時的確受到普遍的重視，《漢書・揚雄傳》中雖未錄其全文，卻完整的著錄了篇目，這在《漢書》中是相當少見的，《四庫全書總目提要》言：

> 凡所列漢人著述，未有若是之詳者，蓋當時甚重雄書。〔註34〕

由此便可看出《法言》在當時所受的評價，是相當高的。

第二節　由反思而創建

　　若把由摹擬而反思視為《法言》思想發展的第一步，那麼，建立其思想體系則是其在反思基礎上的第二步發展，並由此顯露出《法言》中的創新精神及時代價值。

　　《法言》是以儒家思想為主軸，從反思西漢儒學的過程中，進一步發展了儒家思想體系；又由於《法言》思想中也隱含了道家修身思想的因子，無形中已為魏、晉開啟了儒、道相融的先河。

一、發展儒家思想體系

（一）突顯孟子、顏淵地位

　　西漢司馬遷作《史記》，將孟子、荀子合傳，認為孟、荀都是孔子的重要繼承者，綜觀二人對漢代學術之影響，荀子的影響似乎大於孟子，尤其荀子對漢代經學的傳播佔有相當大的地位〔註35〕，但卻始終缺少一個主要的傳承者，甚至在此後的儒學傳統中，也未受到應有的重視。相對於孟子，則荀子被重視的程度，遠遜於孟子。

　　《法言》所展現的思想，不論在人性、論學等各方面，事實上多本於荀

〔註34〕清・永瑢等撰，《四庫全書總目提要》子部儒家類（臺北：臺灣商務印書館，1983～1986年）。

〔註35〕荀子於漢初儒學典的傳授關係，是有史跡可考的。清江中《荀子通論》言曰：「荀卿之學出於孔氏，而尤有功於諸經。」收於《荀子集解》（北京：中華書局，1992年），〈考證〉下，頁21。

子思想而遠於孟子，其中最爲顯著的地方在於「尙智」的理性精神及教育思想：《荀子·性惡》曰：「凡論者，貴其有辨合，有符驗」〔註36〕意指思辨的過程、想法必須和實際相吻合，因此，相對的事實與經驗是荀子非常重視的，《法言·問神》亦言：「無驗而言之謂妄。」〔註37〕其精神是一致的；在教育思想上，《法言》所說爲學的方法與功用，也與《荀子·性惡》所論「化性而起僞」，即人爲的努力，以及《荀子·修身》的「故學也者，禮法也。夫師，以身爲正儀而貴自安者也。」〔註38〕等主張相近。因此，總體來說，《法言》的思想與《荀子》是比較接近的。

　　但是，《法言》中對荀子的論述，卻僅見一條，且稱荀子於孔門中是「同門而異戶」，反倒是推崇孟子之知不異於孔子，無形之中便提高了孟子之地位，揚雄的這一說法，亦等於昭示了孟子乃爲孔子思想的正統繼承者，在中國思想史上，孟子地位超越於荀子而承繼孔子的情勢，在《法言》中首次被明確地闡述，唐人韓愈即曾言：「因揚書而孟氏益尊。」〔註39〕同時韓愈敘述儒家道統的發展時說：

　　　　堯以是傳之舜，舜以是傳之禹，禹以是傳之湯，湯以是傳之文、武、

　　　　周公，文、武、周公傳之孔子，孔子傳之孟軻。〔註40〕

自此，儒家道統的繼承，由原先司馬遷所論的孟、荀二人轉變成以孟子爲唯一繼承。到了宋、明時代，孟子的地位更爲提高，《孟子》一書被列爲《四書》之一，成爲後世儒者必讀的經典，而宋明理學家所論的道德性命、修養問題，也大都以孟子的性善論爲依據。從孟子地位的發展脈絡中可看出，《法言》的論點實爲肇始。再者，《法言》的〈學行〉、〈五百〉、〈先知〉等篇中，亦曾多次提及伏羲、堯、舜、禹、湯、文、武、周公、孔子、孟子等聖人，從而初步形成了由伏羲至孟子的聖學傳承系譜，這似乎也隱含了韓愈所論述儒學道統的基礎。

　　另外，值得注意的是揚雄對孔子弟子顏淵的論述。《法言》中稱許顏淵有二：一是受教於孔子，使其能幾近於聖人；其二是推崇顏淵安於貧困的精神。據《論語》記載，孔子曾多次讚美顏淵爲學的態度，如：

〔註36〕清·王先謙，《荀子集解》，頁440。

〔註37〕揚雄，《法言》，卷5，頁246。

〔註38〕同註36，頁34。

〔註39〕馬通伯校注，《韓昌黎文集校注》，〈讀荀〉（臺北：華正書局，1982年），頁21。

〔註40〕馬通伯校注，《韓昌黎文集校注》，〈原道〉，頁10。

> 子曰：吾與回言終日，不違，如愚。退而省其私，亦足以發，回也
> 不愚。〔註41〕
>
> 孔子對曰：有顏回者好學，不遷怒，不貳過。〔註42〕
>
> 子曰：回也，其心三月不違仁，其餘則日月至焉而已矣。〔註43〕
>
> 子曰：語之而不惰者，其回也與！〔註44〕
>
> 子謂顏淵，曰：惜乎！吾見其進也，未見其止也。〔註45〕
>
> 季康子問：弟子孰爲好學？孔子對曰：有顏者好學，不幸短命死矣，
> 今也則亡。〔註46〕

由此可看出顏淵可說是孔子最爲賞識的學生，對於他的好學精神，孔子更是
讚譽有加，因此，在顏淵死後，孔子曾感嘆：「天喪予！天喪予！」又言：「有
慟乎？非夫人之爲慟而誰爲？」〔註47〕表達了孔子痛失愛徒之感傷。然而在
《論語》中推崇顏淵安於貧困的精神方面，僅有一處：

> 賢哉，回也！一簞食，一瓢飲，在陋巷，人不堪其憂，回也不改其
> 樂。賢哉，回也！〔註48〕

據此，可推論出孔子讚賞顏淵，主要乃在於其能恪遵孔子教悔，好學不倦，
貫徹孔子思想之故，在孔子看來，顏淵的才德與性格是和他最相近的，《論
語》載言：

> 子謂顏淵曰：用之則行，舍之則藏，惟我與爾有是夫！〔註49〕

孔子以爲，若能受重用，則將行道於世；若不用，則將藏道於身，這只有顏
淵與他能做到，足見顏淵的才學確實得到孔子極高的評價。至於稱許顏淵能
安於貧困，則是藉此更彰顯出其德性及好學的精神，在《論語》提及顏淵共
二十一次中，僅出現過一次，可見這一點雖是孔子所讚許的，但卻非孔子所
要特別強調的。

〔註41〕《論語・雍也》，《十三經注疏》本（臺北：藝文印書館，1991年）。
〔註42〕《論語・雍也》，同註41。
〔註43〕《論語・雍也》，同註41。
〔註44〕《論語・子罕》，同註41。
〔註45〕《論語・子罕》，同註41。
〔註46〕《論語・先進》，同註41。
〔註47〕《論語・先進》，同註41。
〔註48〕《論語・雍也》，同註41。
〔註49〕《論語・述而》，同註41。

　　分析了《論語》對顏淵的論述後，再與《法言》所論相對照，即發現二者略有不同。《法言》對顏淵的評論內容主要有二，一是說明了顏淵受教於孔子，並將孔、顏二人並稱；一是強調顏淵安貧樂道的節操。前者的論述重點在於孔子教誨之功，對於顏淵為學態度上，僅於〈學行〉篇中提及「有學術業，無止顏淵」〔註 50〕而已，又將孔、顏二人並稱，便自然提高了顏淵在七十弟子中的地位，明確的指出顏淵是學習孔子之道最深者，這可說是揚雄從《論語》中所領會孔子之意，而更進一步的說明。

　　至於《法言》強調顏淵安貧樂道的節操，則是揚雄融合了自身的情境而有所感悟，因此在全書中屢次讚賞顏淵的「簞瓢之樂」，實際上亦是表明他自己的心志。日後，顏淵「簞瓢之樂」的節操開始受到普遍的重視，後世人在評論顏淵時，多會提及他的「簞瓢之樂」。而將這一節操突顯出來，與其好學不倦的精神並列為顏淵才德之代表者，便始於揚雄的《法言》。

（二）確立儒家道德之概念

　　「道」與「德」原本是兩個概念，道的本義是道路，《說文》：「道，所行道也。」〔註 51〕德即得，指做事做得適宜，而有所得。《論語・述而》篇載：「子曰：志於道，據於德，依於仁，遊於藝。」〔註 52〕意指道是行為應當遵循的原則，德是施行原則而有所得，亦即道的實際體現。在此一階段道與德便經常並舉，但尚無道、德相連並提之例，如《孟子》、《莊子》的內篇，皆無此例。在儒家著作中，道、德二字相連並提，始見於《周易・說卦》及《荀子》〔註 53〕。《周易・說卦》云：「和順於道德而理於義，窮理盡性以至於命。」〔註 54〕《荀子》中〈勸學〉篇云：「故學至乎禮而止矣，夫是之謂道德之極。」又〈彊國〉篇云：「威有三，有道德之威者，有暴察之威者，有狂妄之威者。」〔註 55〕在此《周易・說卦》與《荀子》所論的道德，都是將兩個名詞聯結為一個名詞，亦即把兩個概念結合為一個概念，換言之，把道德作為一個完整的名詞來看，是指行為原則及其具體運用的總稱。

〔註 50〕揚雄，《法言》，卷 1，頁 78。

〔註 51〕漢・許慎撰，清・段玉裁注，《說文解字注》（臺北：黎明文化事業，1991 年），頁 76。

〔註 52〕《論語・述而》，同註 41。

〔註 53〕張岱年，《中國倫理思想研究》（臺北：貫雅文化，1991 年），頁 2。

〔註 54〕《周易・說卦》，同註 41。

〔註 55〕同註 36，頁 12、292。

　　道家所謂道德，含義與儒家並不相同，《老子》以道為天地的本原，視其為萬物之所以從王者，以德為天地萬物所具有的本性，即萬物之所以是萬物者。《莊子》之論點亦與《老子》相近。雖然在《法言》中揚雄曾言有取於老子的「道德」，但從論文第肆章中分析他對道德二概念的論述中，卻不難發現他已將道、德這兩個概念等同於倫理的概念了。《法言》的〈問道〉篇言：「適堯、舜、文王者為正道，非堯、舜、文王者為它道」、「由其大者作正道，由其小者作姦道」，又據〈五百〉篇言：「事非禮、義為小」〔註56〕，可知由其大者為正道，是指合於禮、義而言的；揚雄將道分成正、它，且用禮、義來作為判定的根據，又由於德是合於禮、義的踐履，如此一來，就把道、德的原始概念變成了與禮、義相聯繫的倫理概念，換言之，禮、義等原則規範成了道德的內涵。

　　孔子所言的「志於道，據於德，依於仁，游於藝」，已從倫理的意義上來論述道德，但是他是將道、德與仁、藝視為地位平行的概念。至於揚雄，則更進一步把一切合於儒家倫理基本原則的稱作道，將遵循禮、義來行動的稱作德，因此，他所講的道德是包含了儒家倫理基本原則的概念，且是高於仁、義等概念的。據此，可知《法言》道德論的最大成就，在於將道德的概念轉變成與倫理等同的概念，且之後被人們廣泛地應用。自孔子以來，儒家皆重倫理，而揚雄則是首位自覺以倫理為核心、為其思想最高準則之人。任繼愈先生言：「從揚雄起，『道德』逐漸與『倫理』融為同等概念，它的具體內容就是仁、義、禮、智、信。」〔註57〕再者，揚雄將儒家的仁、義、禮、智、信等概念視為一個不可分割的整體，對於儒家思想體系的建立與發展，都有相當大的助益。

（三）重視教化之內在心理因素

　　揚雄認為人性是善惡混，必須透過後天學習的工夫才能去惡遷善，因此個人必須致力於學行；從統治者的角度來看，聖人欲治理天下，必須以仁、義、禮、智、信等道德規範為內容，以禮、樂為形式對人們進行教化。據〈先知〉篇言：「君子為國，張其綱紀，謹其教化。導之以仁，⋯⋯莅之以廉，⋯⋯臨之以正，⋯⋯修之以禮。⋯⋯」〔註58〕可看出揚雄所主張的教化，主要是

〔註56〕揚雄，《法言》，卷4，頁173、208；卷8，頁399。
〔註57〕任繼愈，《中國哲學發展史》（北京：人民出版社，1985年2月），頁376。
〔註58〕揚雄，《法言》，卷9，頁441。

側重於引導。

　　不僅如此，揚雄亦重視受教者的內在心理因素，〈問明〉曰：

　　　　吾不見震風之能動聾聵也。〔註59〕

施行教化者若不顧受教者的內在心理因素，正如同「聾聵」對「震風」不會
產生知覺一樣，是毫無效果的；因此揚雄強調教化人民時，必先注意受教者
的內在意向，應達到〈先知〉篇所說的：「使之利其仁，樂其義，屬之以名，
引之以美，使之陶陶然……」〔註60〕在這樣的情況下進行教化，才能收到良
好的成效。所謂的「名」、「美」，是指好的聲譽，即社會輿論或施教者對於去
惡遷善者予以正面的評價或褒揚，這對個人是具有相當的鼓舞力量的。如〈孝
至〉篇所載：「石奮、石建，父子之美也。」〔註61〕其中的「美」，就是其孝
行受到君主及時人的讚揚。《法言》認為用「屬之以名，引之以美」的勉勵方
法，將仁、義等道德規範轉化成內心情感所趨向的目標，使受教者自覺地接
受教化，並且在情感上產生「陶陶然」的體驗。由此顯示出《法言》對儒家
教化之途徑，有了更進一步的發展。

　　此外，《法言》為促使受教者能發自內心的，對去惡遷善產生認同，因此
《法言》描繪了禮制之下聖人的外貌，〈先知〉曰：

　　　　聖人，文質者也。車服以彰之，藻色以明之，聲音以揚之，《詩》、
　　　　《書》以光之。籩豆不陳，玉帛不分，琴瑟不鏗，鍾鼓不抎，則吾
　　　　無以見聖人矣。〔註62〕

這裡說明了受執政者獎掖的聖人，以車服等差，辨彰貴賤；以藻色輕重，顯
明尊卑；並歌於管絃，詠其美德，透過典籍載其功德，光照後世。這是《法
言》借由鮮明生動的描繪，希望聖人之道真正為人們所嚮往。

　　《法言》又運用比喻手法，將為善行善者賦予藝術形象，如〈五百〉
曰：

　　　　瓏玲其聲者，其質玉乎。〔註63〕

〈君子〉曰：

　　　　或問：君子似玉。曰：純淪溫潤，柔而堅，玩而廉，隊乎其不可形

〔註59〕揚雄，《法言》，卷6，頁296。
〔註60〕揚雄，《法言》，卷9，頁433。
〔註61〕揚雄，《法言》，卷13，頁778。
〔註62〕揚雄，《法言》，卷9，頁434～435。
〔註63〕揚雄，《法言》，卷8，頁400。

也。〔註64〕

揚雄認為玉的光滑溫潤的外表，似柔而堅的質感，雖有稜角卻不傷人的形狀，與君子的仁義、堅定、廉潔的品德有相似之處，甚至玉的玲瓏之聲亦猶如君子清冷之德音，因此，《法言》以玉的內外特質來比擬君子。這是揚雄透過人的形象思維中的聯想力，使外在事物中一些美的現象與自身心目中品德和人格形象產生契合，因而產生美感，使之內化為心之所欲的情感。以玉來比喻人的品德個性者，揚雄並非第一人，早在《詩經》中便有：

言念君子，溫其如玉。〔註65〕

《論語》言：

子貢曰：有美玉於斯，韞匵而藏諸？求善賈而沽諸？子曰：沽之哉！沽之哉！我待賈者也。〔註66〕

《荀子·法行》曰：

夫玉者，君子比德焉。溫潤而澤，仁也；栗而理，知也；堅剛而不屈，義也；廉而不劌，行也；折而不橈，勇也；瑕適竝見，情也；扣之，其聲清揚而遠聞，其止輟然，辭也。〔註67〕

孔子自比為待沽之玉，荀子用玉來比擬人們不同的品德個性，可見將君子比德於玉，是儒家的一個傳統的含有美感情趣的比喻，揚雄受其影響，承續了這種文藝手法，並加以運用於教化之中，促使儒家以禮樂為本的教化更趨完備。

二、融通儒、道二家思想

揚雄思想的另一特出地方，在於融通儒、道二家思想，同時又能把這融通的成果落實在社會中，運用在生活上。《法言》雖以恢復傳統儒家精神為目的，然其思想已非純然的先秦儒學，而是吸收了道家的處世哲學。這種共融的精神，顯現了揚雄對不同學說所採取的態度，這是相當有意義的。鄔昆如先生認為，西漢諸子的特色之一，就在於「開啟了今後『開放文化』的先河。儒和道能夠並行不悖，啟示了後來隋唐時代的儒、道、佛的共融。」〔註68〕

〔註64〕揚雄，《法言》，卷12，頁740～741。
〔註65〕《詩經·小戎》，同註41。
〔註66〕《論語·子罕》，同註41。
〔註67〕同註36，頁535～536。
〔註68〕鄔昆如，〈西漢社會哲學之研究〉，《臺大哲學評論》第8期（1985年1月），

姑且不論這種儒、道共融的精神是否眞的對於隋唐時代的儒、道、佛共融有任何影響，然對於魏晉時代諸多思想家以儒、道互爲體用，將儒家之作如《周易》、《論語》與道家之《老子》、《莊子》並論，這種融通的思想，在《法言》中已間接的做了初步的嘗試。

據此，便可輕易反駁朱熹評論揚雄爲「腐儒」的說法：

> 揚雄則全是黃老，某嘗說揚雄最無用，眞是一腐儒。他到急處只是投黃老。……如《法言》一卷，議論不明快，不了決，如其爲人，他見識全低，語言極歡，甚好笑。〔註69〕

這一評論對於揚雄而言，顯然是欠缺公允的，從中國思想發展史來看，《法言》仍是有貢獻的。

頁 31。

〔註69〕張伯行輯訂，《朱子語類》（臺北：臺灣商務印書館，1973 年），卷 8，頁 264。

第六章　結　論

　　《法言》一書之思想，經由上述幾章之分析探討，已鉤勒出其梗概。本章論述之重點，主要包括兩個部分，一為檢視歷來學者對《法言》之觀點，為其思想作一較客觀之評價，並探究《法言》所建立之思想體系的不足及缺憾之處；一為總結全篇論文研究成果，彰顯《法言》一書在兩漢思想史上所佔有之地位。

　　歷代學者對揚雄著作之評論頗多，且後世學者亦曾加以整理分類，此於前文章節中均已論述，然本文所欲探究之焦點，乃在於這些學者對《法言》一書之評論。

　　在這些評論中，對之表示讚譽者，如唐劉知幾言：

　　　　仲尼既沒，微言不行，史公著書，是非多謬，由是百家諸子，詭說
　　　　異辭，務為小辨，破彼大道，故揚雄《法言》生焉。〔註1〕

宋陳亮言：

　　　　雄之書，非擬聖而作也。《玄》之似《易》也，《法言》之似《論語》
　　　　也。是其迹之病也，而非其用心之本然也。不病其迹而推其用心，
　　　　則《玄》有功於《易》者也，非《易》之贅也。……《法言》之書，
　　　　所以講古論今，掇拾人物，以旁通其義者也。《玄》尚不知，雖知《法
　　　　言》，猶不知也。〔註2〕

明焦竑言：

　　　　韓退之、邵堯夫、司馬君實諸君子咸稱引其說，往往怵予心，已乃

〔註 1〕　唐·劉知幾，〈雜說〉，《史通》（臺北：臺灣中華書局，1970 年），卷 18。
〔註 2〕　宋·陳亮，《龍川文集》（臺北：臺灣中華書局，1966 年），卷 9。

取《法言》讀之，其紬六經，翊孔、顏，義甚深。〔註3〕

從這些學者對《法言》的讚譽中，可發現論及《法言》思想者並不多。劉知幾所論偏重於揚雄寫作《法言》之動機；陳亮認爲《法言》之作乃是爲《太玄》而「旁通其義者」；焦竑則略爲提及《法言》尊孔、顏，崇經書之思想。這些評論雖肯定了《法言》之價值，但卻無法從中看出《法言》思想整體之貢獻。

近人馮友蘭先生言：

> 自哲學之觀點言之，揚雄之造詣，實遠不逮孟子。然闢陰陽家之言，使儒家之學與之分離，雖古文經學家之共同工作，然揚雄能在思想方面，有有系統之表現，就歷史之觀點言，揚雄亦自有其在歷史上之地位。〔註4〕

韋政通先生言：

> 《法言》的體例仿自《論語》，多屬簡短的問答，一直到這一時期，他才脫出了陰陽家和老子的影響，既沒有當時盛行的災異讖緯思想的夾雜，也沒有把儒學與現實專制整合的要求，這一部書內容表現的純淨和它的批評精神，實象徵著時代學風將變的一個新趨向。

又言：

> 揚雄的《法言》，把儒學在制度化過程中失落的重人精神再度提了出來。對揚雄，我們可以做這樣的評價：《法言》在思想史上的意義比較大，在哲學方面的成就還是在《太玄》。〔註5〕

從馮、韋二人的評論中可看出，他們一致肯定了《法言》將附會於儒學的諸多異說剔除，在中國思想發展史上，具有特別的意義。韋政通先生更強調了《法言》重人的精神，主要原因乃在於揚雄這種重人的精神，是關除災異、讖緯思想的基礎。這些評論，雖不能將《法言》之思想及價值完整的說明，但大致上已指出了其價值之一。值得注意的是，馮友蘭先生認爲揚雄在《法言》一書中體現了古文經學的精神，他所持之論點爲：

> 揚雄說：「孔子，習周公者也。」又說：「仲尼潛心於文王，達之。」
> 揚雄認爲孔子在文化方面，繼承了文王、周公的傳統。這正是古文

〔註3〕明・焦竑，《焦氏筆乘》（上海：上海古籍出版社，1986年），卷2。

〔註4〕馮友蘭，《中國哲學史》（臺北：臺灣商務印書館，1996年11月），頁588。

〔註5〕韋政通，《中國思想史》（臺北：水牛出版社，1994年），頁496、573。

經學家的說法。這與今文經學家孔丘「受命爲王」的說法和緯書孔

丘是「黑帝之子」的說法，是對立的。〔註6〕

馮氏所引《法言》這兩段文字，分別在〈學行〉篇及〈問神〉篇：

孔子習周公者也，顏淵習孔子者也。羿、逢蒙分其弓，良捨其策，

般投其斧而習諸，孰曰：非也。或曰：此名也，彼名也，處一焉而

已矣。曰：川有瀆，山有嶽，高而且大者，眾人所能踰也。〔註7〕

或問：神？曰：心。請問之？曰：潛天而天，潛地而潛（按：據汪

疏應爲「地」）……敢問：潛心于聖。曰：昔乎仲尼潛心於文王

矣……。〔註8〕

以上兩則引文，前一則的主旨是在說明聖人之道的崇高，李軌注曰：「言諸賢
之有妙藝，猶百川之有四瀆，眾山之有五嶽，而川可度，嶽可登，高而且大
者，爲聖人之道，如天不可升也。」〔註9〕後一則是在說明只要人們「潛心」
於聖人，便有機會成爲聖人。這兩則引文所論述之焦點，都不是在於闡揚孔
子繼承周公，因此，若以此來論定《法言》體現了古文經學的精神，似乎過
於牽強。再者，從《法言》於《周易》、《詩經》多從京氏、魯詩之解說來看
〔註10〕，可知揚雄所習是否全爲古文經學，似乎仍有再議之處。

　　據此，是否馮友蘭先生所論「《法言》體現古文經學的精神」之說，便無
法成立？其實亦不然。通觀《法言》的治經思想，是倡大道，蔑小技，強調
辨析疑義，反對雕章琢句，且揚雄強烈抨擊西漢經學的繁瑣，希望士人能重
新重視經學的原貌，從這點來說，《法言》對於東漢古文經學之倡導，亦是有
功的。徐復觀先生說：

〔註6〕　馮友蘭，《中國哲學史新編》（臺北：藍燈文化，1981年），第三冊，頁250。

〔註7〕　揚雄，《法言》，卷1，頁33～34。

〔註8〕　揚雄，《法言》，卷5，頁213～214。

〔註9〕　揚雄，《法言》，卷1，頁34。

〔註10〕　《法言》論及《周易》多從京氏，於《詩經》則從魯詩。如〈吾子〉言：「綠
衣三百色，如之何矣。紵絮三千，寒，如之何矣。」其中的「紵絮」指麻質
之敗衣。揚雄用「絮」而非「縶」，汪氏疏曰：「子雲於易京氏，故字作絮也。」
再如〈吾子〉言：「震風陵雨，然後知夏屋之爲帡幪也。虐政虐世，然後知聖
人之爲郭郭也。」其中的「夏屋」意指大屋，汪氏疏曰：「《法言》此文單以
夏屋爲大屋之義，不關宮室之制度，與王逸、高誘說合，此子雲習魯詩之證
也。」又如〈孝至〉言：「周康之時，頌聲作乎下，〈關雎〉作乎上，習治也。」
揚雄從魯詩說法，以〈關雎〉一詩爲刺周康王之詩。

> 從成帝起，開始有人對由術數所講的天人性命之學發生懷疑，漸漸
> 要回到五經的本來面目，以下開東漢注重五經文字本身了解的訓詁
> 學，並出現了以桓譚爲先河的一批理智清明的思想家，此在西漢末
> 期，雖未能成爲學術風氣的主流，但實開始了一個新的階段，揚雄
> 末年的《法言》，擔當了開闢此新階段的責任。〔註11〕

這一觀點是可以成立的。

然而也有不少學者對《法言》採取貶抑的態度，如晉人袁準言：

> 《法言》錯雜而無主。〔註12〕

宋胡宏言：

> 《論語》乃孔門弟子記諸善言，誠有是人相與問答也。《法言》則
> 假借問答以則《論語》，且又淺近特甚，有不必問，不必答，不必言
> 者。〔註13〕

宋王炎曰：

> 揚子以言語求道，故爲《法言》，曰：吾以擬《論語》也，爲《太
> 玄》，曰：吾以準《易》也。無西子之美而效顰，亦增其醜而已。
>
> 〔註14〕

明薛瑄言：

> 揚雄之《法言》、王通之《讀經》，皆以孔子自擬，二子非特不知聖
> 人，亦不自知爲何如人矣。〔註15〕

明鄭瑗言：

> 揚子雲擬《論語》作《法言》，其言曰：「聖人之經，不可使易知其
> 意。」以爲聖經亦只是欲使人難知爾。殊不知聖經明白易簡，初豈有
> 意爲艱深之辭哉？《論語》無意爲文，而自粲然成文，乃《法言》故
> 爲艱險，至不可屬讀，自識者觀之，不獨《太玄》可覆瓿矣。〔註16〕

清方東樹言：

> 《法言》、《太玄》理淺而詞艱，節短而氣促，非文之工者也。……揚

〔註11〕徐復觀，《兩漢思想史（卷二）》（臺北：臺灣學生書局，1993 年），頁 439。
〔註12〕轉引自清・朱彝尊，《經義考》（臺北：臺灣中華書局，1970 年），卷 278。
〔註13〕同註 12。
〔註14〕同註 12，卷 268 引。
〔註15〕同註 12。
〔註16〕同註 12。

　　子徒知爲不可棄，而不務培其本，畢生用力，造字句已耳。〔註17〕

以上這些評論，都是貶抑《法言》的論述。其中主要的批評，包括了《法言》擬《論語》而作，文辭卻不若《論語》淺近易懂，反而晦澀艱深，故並不足取。這些觀點，在本論文中皆已作論述，不過事實上《法言》雖爲擬《論語》而作，但除形式相仿之外，其構思、創作的精神及文中的思想與《論語》，仍有許多相異之處；至於說《法言》文辭艱深難懂，則誠屬個人主觀之理解。

　　另外，還有少數學者曾論及《法言》思想者，如：宋朱熹之論，於論文的第伍章已討論，再如宋洪邁言：

> 揚子《法言》：「或問忠言嘉謨（謀）。曰：言合稷、契謂之忠，謨合皋陶謂之嘉。」如子雲之説，則言之與謨，忠之與嘉分而爲二，傳注者皆未嘗爲之辭，然則稷、契不能嘉謨，皋陶不能忠言乎？三聖賢遺語，可傳於後世者，唯虞書存，五篇之中，皋陶矢謨多矣，稷與契初無一話一言可考，不知子雲何以立此論乎？不若魏鄭公但云「良臣稷、契、皋陶」，乃爲通論。〔註18〕

又言：

> 揚子《法言》：「或問陳勝、吳廣？曰：亂。曰：不若是則秦不亡，曰：亡秦乎？恐秦未亡而先亡矣。」李軌以爲：「輕用其身而要乎非命之運不足爲福，先適足以爲禍始。」予謂不然，秦以無道毒天下，六王皆萬乘之國，相踵滅亡，豈無孝子慈孫，故家遺俗？怕奉頭鼠伏，自張良狙擊之外，更無一人敢西向窺其鋒者，陳勝出於戍卒，一旦奮發不顧，海內豪傑之士，乃雲合響應，並起而誅之。數月之間，一戰失利，不幸隕命於御者之手，身雖已死，其所置遣侯王將相竟亡秦，項氏之起，江東亦矯稱陳王之令而度江。秦之社稷爲墟，誰之力也？……子雲指以爲亂，何邪？若乃殺吳廣，誅故人，寡恩亡舊，無帝王之度，此其所以取敗也。〔註19〕

洪邁這二則乃在批駁《法言》〈孝至〉、〈重黎〉二篇之內容，其中〈重黎〉篇的「或問：陳勝、吳廣」一文，已於論文第參章第三節論述過，洪邁的觀點基本上與太史公是相同的，對於陳勝、吳廣首先起義抗秦，予以高度的肯定，

〔註17〕　清·王先謙，《續古文辭類纂》卷一（臺北：廣文書局，1961年）。
〔註18〕　宋·洪邁，〈忠言嘉謨〉，《容齋三筆》（臺北：大立出版社，1981年），卷12，頁561。
〔註19〕　宋·洪邁，〈陳涉不可輕〉，《容齋續筆》，卷14，頁383～384。

而從揚雄觀點來看，卻認爲二人只是首亂者，或許這是揚雄正處於西漢衰世，眼見對抗專制政權的人們四起，人民不但未受改朝換代之益，反蒙受更多的動亂而流離之苦，因此對於這種人民起義的行爲，並不讚同之故。至於第一則評述，所指爲〈孝至〉篇所言：

> 或問：忠言嘉謨。曰：言合稷、契之謂忠，謀合皋陶之謂嘉。或曰：邵如之何？曰：亦勗之而已。庸則秦、儀、鞅、斯亦忠嘉矣。
> 〔註20〕

洪邁認爲《法言》所說的「言合稷、契之謂忠，謀合皋陶之謂嘉」，把「忠」與「嘉」分而爲二，並不合理，且歷來傳注皆無此說。然分析《法言》此段所欲表達的意義，乃在於臣子不以聖人之道輔佐國君者，皆非忠言嘉謀；若嫌這些言論太過高深而欲取法於卑下者，如蘇秦、張儀、商鞅、李斯等人之言，又豈能視之爲忠言嘉謀？可見揚雄論說此段話的用意，是希望爲人臣者應取法於聖人之道，至於「言合稷、契之謂忠，謀合皋陶之謂嘉」的說法，應只是個人用語的修辭技巧，並非有意對「忠」、「嘉」作詮釋。

據上所論述，可看出歷來學者對《法言》的貶抑，似乎都是由於未能較深入理解《法言》思想之故。然而，是否《法言》之思想即完全自成系統，毫無可議之處？從論文前面幾章的分析，可知《法言》思想中有許多的可議之處，包括：揚雄爲駁斥「天人感應」之思想而強調人爲的作用，卻又出現了肯定天意存在的言論；爲提振當時學術風氣，視孔子、五經爲唯一眞理，易造成士人陷於只注重經書之文字訓詁的限制；此外，一方面批判了「小禮樂」的諸子，另一方面又吸收了部分諸子的思想，這些都是《法言》思想中不完備之處。

一部學術著作的完成，除了表現思想家對個人所處時代的精神回應之外，也表示他對後代學術應走的方向所抱持的態度。

從兩漢之際的歷史基點上來看，《法言》中的批評思想，正是揚雄對西漢末年學術的回應，其中最特出者爲批評了瀰漫於整個學術思想的陰陽五行、讖緯神怪諸說，但由於舊思想的勢力仍十分強大，加上《法言》的批判只是一次初步的嘗試，因此，這一批判顯得極不徹底又缺少銳氣；至東漢時，融合陰陽五行、天人感應思想的讖緯更加盛行，但這股批判精神畢竟起了推進作用，東漢的王充便是承繼的代表者。另外，揚雄對經學的批評，亦間接倡

〔註20〕揚雄，《法言》，卷13，頁783。

導了東漢古文經的發展。

　　《法言》中的教育思想、政治思想，則表現了揚雄對後代學術應走的方向所抱持的態度。他進一步發展了儒家思想體系，突顯孟子、顏淵的地位，確立了儒家道德的概念，重視教化的內在心理因素，對於日後儒學思想體系的發展，有著不可忽視的貢獻。另一方面，雖然《法言》以維護儒家精神為目的，但《法言》的思想事實上已經吸收了道家的處世哲學，成為魏晉融通儒、道思想的最初實驗者。

　　《法言》一書在模仿的形式下，展現了其創新的精神。即使這些反思與創見的精神仍有不週全之處，然作為任何一新精神之先驅者，這似乎是難以避免的。以兩漢學術發展史的觀點上來說，《法言》的成就，是值得肯定的。

重要參引書目

壹、專　著

一、古籍（依時代先後順序編排）

（一）先　秦

1. 商鞅，《商君書》（臺北：世界書局，1955年）。
2. 慎子，《慎子》（臺北：世界書局，1955年）。
3. 王先謙，《荀子集解》（臺北：世界書局，1962年）。
4. 王弼，《老子道德經注》（臺北：世界書局，1978年）。
5. 《十三經注疏》（臺北：藝文印書館，1991年）。
6. 郭慶藩輯，《莊子集釋》（臺北：華正書局，1991年）。
7. 陳啟天，《增定韓非子校釋》（臺北：臺灣商務印書館，1991年）。

（二）兩　漢

1. 高誘注，《淮南子》（臺北：世界書局，1961年）。
2. 桓譚撰、嚴可均輯，《桓子新論》（臺北：世界書局，1963年）。
3. 揚雄撰、李軌注，《法言》（臺北：臺灣中華書局，1966年）。
4. 王充，《論衡》（臺北：臺灣中華書局，1966年）。
5. 劉熙撰、畢沅疏證，《釋名疏證》（臺北：廣文書局，1971年）。
6. 范曄，《後漢書》（臺北：史學出版社，1974年）。
7. 董仲舒撰、凌曙注，《春秋繁露注》（臺北：世界書局，1975年）。
8. 王符，《潛夫論》（臺北：世界書局，1975年）。
9. 荀悅，《申鑑》（臺北：世界書局，1975年）。
10. 班固撰、陳立疏證，《白虎通疏證》（臺北：中國子學名著集成編印基金

　會，1978年）。

11.　馬總輯，《意林》（仲長統《昌言》）（臺北：臺灣商務印書館，1979年）。

12.　《群言治要》（崔寔《政論》，魏徵、仲長統《昌言》）（臺北：臺灣商務印書館，1979年）。

13.　班固，《漢書》（臺北：鼎文書局，1980年）。

14.　劉歆，《西京雜記》（臺北：藝文印書館，1981年）。

15.　瀧川龜太郎，《史記會注考證》（臺北：萬卷樓圖書，1993年）。

（三）魏晉六朝

　1.　張揖撰、王念孫疏證，《廣雅疏證》（臺北：廣文書局，1971年）。

　2.　常璩，《華陽國志》（臺北：臺灣商務印書館，1976年）。

（四）唐　代

　1.　劉知幾，《史通》（臺北：臺灣中華書局，1970年）。

　2.　韓愈撰、馬通伯校注，《韓昌黎文集校注》（臺北：臺灣商務印書館，1982年）。

（五）宋　代

　1.　司馬光，《法言廣注》，世德堂本。

　2.　王應麟，《困學紀聞》（臺北：臺灣商務印書館，1956年）。

　3.　李昉等撰，《太平御覽》（臺北：新興書局，1959年）。

　4.　鄭樵，《通志》（臺北：新興書局，1963年）。

　5.　揚雄撰、司馬光注，《太玄經》（臺北：臺灣中華書局，1966年）。

　6.　陳亮，《龍川文集》（臺北：臺灣中華書局，1966年）。

　7.　司馬光，《資治通鑑》（臺北：世界書局，1974年）。

　8.　程頤，《二程全書》（臺北：臺灣中華書局，1976年）。

　9.　洪邁，《容齋隨筆》（臺北：大立出版社，1981年）。

10.　朱熹，《朱子文集》（臺北：臺灣中華書局，1985年）。

（六）明　代

　1.　焦竑，《焦氏筆乘》（上海：上海古籍出版社，1997年）。

（七）清　代

　1.　永瑢等撰，《四庫全書總目提要》（臺北：臺灣商務印書館，1983年）。

　2.　王先謙，《續古文辭類纂》（臺北：廣文書局，1961年）。

　3.　唐晏，《兩漢三國學案》（臺北：世界書局，1962年）。

　4.　朱彝尊，《經義考》（臺北：臺灣中華書局，1970年）。

5. 趙翼，《二十二史箚記》（臺北：臺灣商務印書館，1975 年）。

6. 馬國翰，《玉函山房輯佚書》（京都：中文出版社，1980 年）。

7. 揚雄著、汪容寶疏，《法言義疏》（臺北：世界書局，1981 年）。

8. 皮錫瑞，《經學歷史》（臺北：藝文印書館，1987 年）。

9. 閻若璩，《尚書古文疏證》（上海：上海古籍出版社，1987 年）。

10. 俞樾，《諸子平議》（臺北：世界書局，1991 年）。

二、近人著作

1. 徐復觀，《中國人性論史》（臺北：臺灣學生書局，1969 年）。

2. 于省吾，《雙劍誃諸了新證》（臺北：樂天出版社，1970 年）。

3. 陶慶鴻，《讀諸子札記》（臺北：藝文印書館，1971 年）。

4. 徐復觀，《兩漢思想史》（臺北：臺灣學生書局，1976 年）。

5. 李威熊，《董仲舒與西漢學術》（臺北：文史哲出版社，1978 年）。

6. 黃錦鋐，《秦漢思想研究》（臺北：學海出版社，1979 年）。

7. 梁起超，《清代學術概論》（臺北：水牛出版社，1981 年）。

8. 牟宗三，《中國哲學十九講》（臺北：臺灣學生書局，1983 年）。

9. 羅光，《中國哲學思想史·兩漢篇》（臺北：臺灣學生書局，1985 年）。

10. 任繼愈，《中國哲學發展史》（北京：人民出版社，1985 年）。

11. 賈順先、戴大祿主編，《四川思想家》（四川：巴蜀書社，1988 年）。

12. 黃開國，《一位玄靜的儒學理論大師──揚雄思想初探》（四川：巴蜀書社，1989 年）。

13. 藍秀隆，《揚子法言研究》（臺北：文津出版社，1989 年）。

14. 祝瑞開，《兩漢思想史》（上海：上海古籍出版社，1989 年）。

15. 蔡仁厚，《儒家心性之學論要》（臺北：文津出版社，1990 年）。

16. 林尹，《中國學術思想大綱》（臺北：臺灣商務印書館，1990 年）。

17. 任繼愈，《中國哲學史·秦漢篇》（北京：人民出版社，1990 年）。

18. 方立天，《中國古代哲學問題發展史》（北京：中華書局，1990 年）。

19. 臺大哲學系主編，《中國人性論》（臺北：東大圖書，1990 年）。

20. 蒙培元，《中國心性論》（臺北：臺灣學生書局，1990 年）。

21. 勞思光，《新編中國哲學史》（臺北：三民書局，1990 年）。

22. 張岱年，《中國倫理思想研究》（臺北：貫雅文化，1991 年）。

23. 馮友蘭，《中國哲學史新編》（臺北：藍燈文化，1991 年）。

24. 韋政通，《中國思想史》（臺北：水牛出版社，1991 年）。

25. 蘇志宏，《秦漢禮樂教化論》（四川：人民出版社，1991 年）。

26. 周桂鈿，《中國傳統哲學》（北京：北京師範大學，1991 年）。

27. 向世凌、馮禹，《儒家的天論》（山東：齊魯書社，1991 年）。

28. 陳延斌、郭建新，《三教九流》（北京：中國文史出版社，1992 年）。

29. 張豈之，《中國儒學思想史》（臺北：水牛出版社，1992 年）。

30. 陳榮捷，《近思錄詳註集評》（臺北：臺灣學生書局，1992 年）。

31. 陳福濱，《揚雄》（臺北：東大圖書公司，1993 年）。

32. 周桂鈿，《中國歷代思想史・秦漢卷》（臺北：文津出版社，1993 年）。

33. 張震澤校注，《揚雄集校注》（上海：上海古籍出版社，1993 年）。

34. 陳福濱，《兩漢儒家思想及其內在轉化》（臺北：輔仁大學出版社，1994 年）。

35. 余書麟，《中國儒家心理思想史》（臺北：心理出版社，民國 83 年）。

36. 鍾肇鵬，《讖緯論略》（臺北：洪葉文化出版社，1994 年）。

37. 張國華，《中國秦漢思想史》（北京：人民出版社，1994 年）。

38. 張岱年，《中國哲學大綱》（北京：中國社會科學出版社，1994 年）。

39. 湯志均、華友根、承載、錢杭，《西漢經學與政治》（上海：上海古籍出版社，1994 年）。

40. 章權才，《兩漢經學史》（臺北：萬卷樓圖書，1995 年）。

41. 顧頡剛，《秦漢的方士與儒生》（臺北：里仁出版社，1995 年）。

42. 王鐵，《漢代學術史》（上海：華東師範大學，1995 年）。

43. 徐復觀，《中國經學史的基礎》（臺北：臺灣學生書局，1996 年）。

44. 張立文主編，《中國哲學範疇精粹叢書——性》（北京：中國人民大學，1996 年）。

45. 馮友蘭，《中國哲學史》（臺北：臺灣商務印書館，1996 年）。

46. 王洲明，《先秦兩漢文化與文學》（山東：山東大學，1996 年）。

47. 顧頡剛，《漢代學術史略》（北京：東方出版社，1996 年）。

48. 劉韶軍，《太玄校注》（湖北：華中師範大學，1996 年）。

49. 李澤厚，《中國古代思想史論》（臺北：古風出版社，不著出版年月）。

貳、論　文

一、學位論文

1. 孫廣德，《先秦兩漢陰陽五行說的政治思想》（臺北：國立政治大學政治研究所博士論文，1969 年）。

2. 簡師宗梧，《司馬相如揚雄及其賦之研究》（臺北：國立政治大學中文研

究所博士論文，1975 年）。

3. 李周龍，《揚雄學案》（臺北：國立臺灣師範大學國文研究所博士論文，1979 年）。

4. 陶建國，《老莊思想對兩漢魏晉學術思想之影響》（臺北：中國文化大學中文研究所博士論文，1985 年）。

5. 洪神皆，《漢代崇儒政策的研究》（臺北：臺灣師範大學歷史研究所碩士論文，1986 年）。

6. 石啓瑤，《揚雄的實踐哲學》（臺北：國立臺灣大學哲學研究所碩士論文，1986 年）。

7. 許時珍，《揚雄・桓譚的反讖緯神道思想》（臺北：國立政治大學中文研究所碩士論文，1986 年）。

二、期刊論文

1. 李鍌，〈法言學術思想之體系〉，《國文學報》一期（1972 年 6 月），頁 91～108。

2. 李鍌，〈揚雄人格平議〉，《國文學報》二期（1973 年 4 月），頁 185～194。

3. 王麗華，〈法言關係詞研究〉，《淡江學報》十三期（1975 年 1 月），頁 355～382。

4. 施之勉，〈揚雄待詔承明之庭在成帝永始元年考〉，《大陸雜誌》五十一卷二期（1975 年 8 月），頁 45～46。

5. 徐復觀，〈揚雄待詔承明之庭的年代問題〉，《大陸雜誌》五十一卷六期（1975 年 12 月），頁 48～49。

6. 施之勉，〈揚雄待詔承明之庭在成帝永始元年續考〉，《大陸雜誌》五十二卷二期（1976 年 2 月），頁 47～48。

7. 李鍌，〈揚雄的儒家思想〉，《孔孟學報》三十一期（1976 年 4 月），頁 159～180。

8. 王麗華，〈法言語氣詞研究〉，《淡江學報》十四期（1976 年 4 月），頁 87～119。

9. 李鍌，〈揚雄生平考述〉，《東海學報》十七期（1976 年 6 月），頁 15～31。

10. 王麗華，〈法言稱代詞探究〉，《淡江學報》十五期（1977 年 9 月），頁 137～173。

11. 洪順隆，〈由揚雄「法言」吾子篇論西漢的辭賦〉，《文藝復興》九十三期（1978 年 6 月），頁 48～54。

12. 李周龍，〈「揚雄學案」提要〉，《華學月刊》九十九期（1980 年 3 月），

頁 50～51。

13. 李鎏，〈博學深思的揚雄〉，《中華文化復興月刊》十三卷六期（1980 年 6 月），頁 65～75。

14. 李周龍，〈揚雄之文學觀〉，《孔孟月刊》十九卷二期（1980 年 10 月），頁 35～39。

15. 黃建一，〈揚雄人性論〉，《國教世紀》十六卷五期（1980 年 11 月），頁 2 ～5。

16. 陶希聖，〈揚雄論道〉，《食貨月刊》十卷十期（1981 年 1 月），頁 417～419。

17. 王麗華，〈法言構詞法與造句法探究〉，《淡江學報》十八期（1981 年 5 月），頁 51～75。

18. 郭清襄，〈董仲舒的人性論（揚雄的人性論附）〉，《國學新探》一期（1984 年 1 月），頁 1～15。

19. 鄔昆如，〈西漢社會哲學之研究〉，《臺大哲學評論》八期（1985 年 1 月）。

20. 張岱年，〈揚雄評傳〉，《中國哲學史研究》三期（1984 年），頁 6～22。

21. 鄭萬耕，〈揚雄無神論思想的幾個範疇〉，《中國哲學史研究》四期（1984 年），頁 44～47。

22. 鄭文，〈對揚雄生平與作品的探索〉，《文史》二十四輯（1985 年 4 月），頁 201～217。

23. 張添丁，〈揚雄待詔爲郎年歲考〉，《新竹師院學報》一期（1987 年 12 月），頁 103～128。

24. 許結，〈揚雄與兩漢思想〉，《中國哲學史研究》四期（1988 年），頁 41 ～48。

25. 劉菁菁，〈揚雄及其「法言」思想〉，《實踐學報》二十期（1989 年 6 月），頁 73～94。

26. 劉哲浩，〈揚雄知識學研究〉，《哲學論集》二十五期（1991 年 7 月），頁 75～97。

27. 謝明陽，〈揚雄的文道觀〉，《孔孟月刊》三十四卷四期（1995 年 12 月），頁 17～25。

附錄：清初學風開展之商榷
——以顧炎武致知論爲考察中心

壹、前　言

　　清初學術是由宋明理學向乾嘉漢學轉換的一個重要環節。舉凡在治學態度、方法上，均有著與前朝不同的樣態，這同時也意味著清代學風的建構，是出自於諸多複雜因素的相互作用。在這眾多複雜因素中，知識份子對於歷史文獻的態度，以及隨之而來所產生的影響，在此一階段的學術發展中，是非常值得考察的現象。據此，本文擬透過顧炎武（1613～1682）致知論的分析，探究清初學風轉變的現象，及其所代表的意義；同時就過去學者對於清初學風之興起的詮釋作一番檢視。首先，本文將由顧炎武哲學思想爲根源，爬梳其致知論之脈絡：由於在過去的思想史研究中，黃宗羲（1610～1695）、王夫之（1619～1692）的哲學思想廣受討論，相較之下，顧炎武的哲學思想所受到的重視似乎較少〔註1〕，而涉及顧氏致知論者，則多數強調其「博學於文」、「行己有恥」等經世致用思想，進而推尊顧氏爲清代考據學風的開山大師〔註2〕。此論固然是學術史上公認之實，然而，必須說明的是，舉凡一思想

〔註1〕　如勞思光《中國哲學史》（三）：「亭林既不講義理之學，故嚴格言之，原無一『顧氏之哲學』可說。」（臺北：三民書局，1981 年），頁 666。馮友蘭《中國哲學史》（臺北：臺灣商務印書館，1993 年），亦無論及顧炎武哲學思想。韋政通《中國思想史》中，則將焦點集中於顧氏對明代心學的批判，及經學理學之態度，此亦爲多數論述亭林思想之大宗。參見氏著，《中國思想史》（臺北：水牛出版社，1994 年），頁 1333～1342。

〔註2〕　如胡楚生《清代學術史研究》：「亭林先生影響於清代學術者，其一在開創考

家學術論點之提出，必然有其基本義理思想，唯有從其根源出發，才能眞正
釐清其脈絡，也唯有釐清其脈絡，方能完整呈現其理論的意義與價值。

其次，清初學風的興起一直是學術史上研究爭論的焦點之一。除了涉及
社會環境的變遷及文化專制等外緣因素外，從思想史的角度來看，最具影響
者約可分爲三派：一是梁啓超（1873～1929）、胡適（1891～1962）的主張，
認爲清代考據學風之興起，可歸諸於理學的反動〔註 3〕；二是錢穆（1895～
1990）的見解，認爲清初新的學風興起，是轉進變化的〔註 4〕；三是余英時先
生所倡言，認爲清代學風的轉變，在於理學內在理路爭論的結果〔註 5〕。這三
派皆論及顧炎武，且梁、胡氏及余氏皆以顧炎武爲重要立論依據。本文則嘗
試從顧炎武哲學立場下的致知論來看此一問題，據此提出不同的詮釋，由顧
氏以氣爲本的致知論基礎來看，既非如梁、胡所言，乃對宋明理學之反動；
亦非完全如錢氏所論，是由宋明理學轉進；同時也有別於余氏所言，乃由「尊
德性」一脈走向「道問學」的理學內在理路之發展的解釋。並藉由此種不同
觀點的切入方式，說明清初學風的興起，事實上是「經典文獻」在其學術體
系上的定位轉變中展開。

顧炎武在義理思想上是屬於「氣本論」者〔註 6〕，他說：

證求眞之徵實學風，其二在揭示新穎科學之歸納方法，其三在拓廣學術研究
之門庭路徑。」（臺北：臺灣學生書局，1988 年），頁 23。

〔註 3〕 此論詳梁啓超《中國近三百年學術史》（北京：東方出版社，1996 年）；《清代
學術概論》（臺北：臺灣商務印書館，1993 年），頁 6～22。胡適〈幾個反理
學的思想家〉，《胡適文存》（臺北：遠東圖書公司，1961 年），三集卷一，頁
53～56。

〔註 4〕 此論詳錢穆《中國近三百年學術史》，〈自序〉（臺北：臺灣商務印書館，1995
年），頁 1～4；《國學概論》（臺北：聯經出版公司），第九章〈清代考證學〉，
頁 279～375；〈顧亭林學術〉、〈清儒學案序目〉，收於《中國學術思想史論叢》
（八）（臺北：素書樓文教基金會，1990 年），頁 61～84、478～507。

〔註 5〕 此論詳余英時〈清代學術思想史重要觀念通釋〉，收於《中國思想傳統的現
代詮釋》（臺北：聯經出版公司，1987 年），頁 405～486。〈從宋明儒學的
發展論清代思想史——宋明儒學中智識主義的傳統〉、〈清代思想史的一個新
解釋〉，收於《戴震與章學誠》（臺北：東大圖書公司，1996 年），頁 309～
376。

〔註 6〕 參見劉師又銘《理在氣中：羅欽順、王廷相、顧炎武、戴震氣本論研究》緒
論：「所謂氣本論，狹義地說，就是『理在氣中』、『離氣則無道亦無理』的以
氣爲本的基本主張和立場；廣義地說，則是進一步包括在上述立場下的心性
論與修養工夫論在內的思想。」（臺北：五南圖書出版公司，2000 年，按以下
書名簡稱《理在氣中》），頁 3。

> 精氣爲物，自無而之有也。……張子《正蒙》有云：「太虛不能無
> 氣，氣不能不聚而爲萬物，萬物不能不散而爲太虛。循是出入，是
> 皆不得已而然也。然則聖人盡道其間，兼體而不累者，存神其至
> 矣。」其精矣乎！……邵氏（寶）《簡端錄》曰：聚而有體謂之物，
> 散而無形謂之變。惟物也，故散必于其所聚，唯變也故聚不必于
> 其所散。是故聚以氣聚，散以氣散，昧于散者其說也佛；荒于聚者
> 其說也仙。〔註7〕

從這段引文中，可知顧炎武對於張載的氣論思想是相當認同的：氣有聚而爲
萬物，氣散則歸於太虛，因此萬物的有形無形皆是一氣的聚散變化，包括
人的生命歷程，亦是如此；能夠體悟此理，不偏滯於生或死，即「兼體而不
累」。接著亭林更進一步引邵寶（1460～1527）《簡端錄》之言來強調萬物不
斷變化，即氣的聚散變化過程而已，據此抨擊佛教所宣揚的散而不死的靈
魂，是「昧于散者」；道教聲稱有聚而不死的肉體，亦是不可能存在的。是
故，「氣」乃是萬事萬物的根源：

> 盈天地之間者氣也，氣之盛者爲神，神者天地之氣而人之心也。故
> 曰視之而弗見，聽之而弗聞，體物而不可遺。使天下之人齋明盛服
> 以承祭祀，洋洋乎如在其上，如在其左右，聖人所以知鬼神之情狀
> 者如此。〔註8〕

至此，顧炎武主張「盈天地之間者氣也」，明確地表示氣是萬事萬物的本源，
即使是弗見弗聞的鬼神，亦是氣的性狀而已。此即顧炎武義理思想在本體論
的基本立場。

貳、顧炎武「博學明善」的致知論

一、致知論的哲學基礎

（一）非器則道無所寓

　　顧炎武的道器觀是以氣爲本的立場延伸，他提出了「非器則道無所寓」
的觀點。首先，對「道」的理解：

〔註7〕　顧炎武：〈游魂爲變〉，《原抄本顧亭林日知錄》（臺北：文史哲出版社，1979
　　　　年），卷一，頁19。以下書名簡稱《日知錄》。
〔註8〕　顧炎武：〈游魂爲變〉，《日知錄》，卷一，頁19。

> 夫道，若大路然。〔註9〕

> 有一日未死之身，則有一日未聞之道。〔註10〕

亭林由「道」字的本義「路」來理解「道」，據此而引申出「道」的概念，是指事物所遵循的規律〔註11〕。第二段引文則表明「道」是指與相對的、特殊的事物及其規律相聯繫而存在的絕對規律，因此，人們只能通過相對的東西去把握它〔註12〕。而相對的、具體的事物及其規律是無窮的（即「器」），因此，人們對於「道」的追求過程必然亦是無窮的。是故，他說：

> 形而上者謂之道，形而下者謂之器。非器則道無所寓。說在乎孔子
> 之學琴于師襄也。已習其數然後可以得志。已習其志，然後可以得
> 其爲人。是雖孔子之天縱，未嘗不求之象數也。故其自言曰，下學
> 而上達。〔註13〕

「道」是事物的規律，「器」是指具體的事物，抽象的規律（「道」）既然存在於具體的事物（「器」）當中，那麼若離開了具體的事物，也就無法獨立存在了。是故「非器則道無所寓」之觀點，即是將「器」的價值地位提升，重「道」必然不可忽視「器」，強調了「道」對於「器」的依賴，必須由「器」而識「道」；同時，也傳達了追求知識的過程，應由具體事物的個別經驗與認識，方能由此更進一步探求事物內在抽象的規律，意即所謂「下學而上達」。

值得注意的是，亭林所謂「非器則道無所寓」的觀點與理本論者朱子（1130～1200）所論「道在器中」是不同的。朱子視道（理）爲唯一能獨立存在的本體，所有事物都必須依賴於「道」方能存在，即「道」生「器」，是故，「道在器中」是指「器」不能離「道」，此一觀點與亭林的道器觀所呈現「道」爲一般事物的規律，「道」不能離「器」的論點恰是相對的，若要探究二者本質之所以不同，實際上便是源於亭林乃以氣爲本，而朱子則以理爲本，理在氣先。據此，二者所開展出不同的致知論，是可以預見的了。

（二）性與天道在文行忠信中

由顧炎武以氣爲本的義理思想爲基礎，在建構了異於宋明理學的道器觀

〔註 9〕 顧炎武：〈耿介〉，《日知錄》，卷十七，頁391。
〔註10〕 顧炎武：〈朝聞道夕可死矣〉，《日知錄》，卷九，頁194。
〔註11〕 關於顧炎武對「道」的理解，劉師又銘論析：「在他（指顧炎武）著作中出現的，都是關聯著具體事物來說的道」。參見《理在氣中》，頁98。
〔註12〕 周可眞：《顧炎武哲學思想研究》（北京：當代中國出版社，1999年），頁10。
〔註13〕 顧炎武：〈形而下者謂之器〉，《日知錄》，卷一，頁20。

後，更進一步論述了他對性與天道的看法：

> 夫子之教人文行忠信，而性與天道在其中矣。故曰不可得而聞。
> 子曰：二三子以我爲隱乎？吾無隱乎爾，吾無行而不與二三子者
> 是丘也。謂夫子之言性與天道不可得而聞，是疑其有隱者也。不知
> 夫子之文章，無非夫子之言性與天道，所謂吾無行而不與二三子
> 者是丘也。……孟子以爲堯舜性之之事，夫子之文章莫大乎《春
> 秋》。《春秋》之義，尊天王攘夷狄，誅亂臣賊子，皆性也，皆天道
> 也。〔註14〕

> 典謨爻象，此二帝三王之言也。《論語》、《孝經》，此夫子之言也。
> 文章在是，性與天道亦不外乎是。故曰有德者必有言，善乎游定夫
> 之言曰：不能文章而欲聞性與天道，譬猶築數仞之墻而浮埃聚沫以
> 爲基，無是理矣。〔註15〕

由於亭林主張「盈天地之間者氣也」、「非器則道無所寓」的思維，因此，認
爲性與天道無不在於人事言行文章之中（即「文行忠信」），意即性與天道是
通過人事言行文章表現出來的；若脫離了人事言行文章，則性與天道將無所
寓，亦無從體現。因此，亭林有言：

> 子之孝，臣之忠，夫之貞，婦之信，此天之所命而人受之爲性者也。
> 故曰：天命之謂性。求命於冥冥之表，則離而二之矣。〔註16〕

子之孝、臣之忠、夫之貞、婦之信，就是天之所命而人所受之爲性的事物，
並非超越於日用倫理的人心之上，因此，若求性命天道於「冥冥之表」，即違
離了事實。從亭林「性與天道在文行忠信」的主張中，不難發現他已將天道
性命還原於現實人事的日常經驗，相較於朱子所建立的超越現實世界的本
體，即「天理」，認爲此「天理」是一切倫理規範的泉源，是有所不同的。朱
子說：

> 孟子言：我欲正人心。蓋人心正然後可以有所爲。今人心都不正了，
> 如何可以理會？〔註17〕

上述引文中，朱子闡明人必須先體悟出「人心」，即是指出建立一個先於天地

〔註14〕 顧炎武：〈夫子之言性與天道〉，《日知錄》，卷九，頁194～195。
〔註15〕 顧炎武：〈修辭〉，《日知錄》，卷二十一，頁553～554。
〔註16〕 顧炎武：〈顧諟天之明命〉，《日知錄》，卷九，頁184。
〔註17〕 宋・黎靖德編：《朱子語類》（臺北：正中書局），卷五十五，頁2159。

萬物個體內在精神追求和心性修養的絕對支配和終極意義，亦即所謂的「天理」，如此方能找到賴以實現的途徑，才能落實在人倫日用之間。此一論點與亭林是絕不相同的。

二、「格物致知」的詮解

　　承上節所論，亭林將性命天道從超越現實的層面拉回到日常生活的活動中，至此，對於宋明理學理論體系中具有重要意義及地位的《大學》，必然有不同的見解：首先，顧炎武對《大學》有無闕文的看法即與朱子相左：

　　　　董文清槐改《大學》知止而后有定二節於子曰聽訟吾猶人也之上，
　　　　以為傳之四章，釋格物致知，而傳止於九章，則《大學》之文元無
　　　　所闕，其說可從。〔註18〕

從這段引文中，可知顧炎武認為〈大學〉原無闕文，意即朱子《大學章句》「補其傳」是沒有必要的。其次，《大學》雖標舉出了以格物致知為修齊治平的基礎，但對於致知論的重要課題─「格物致知」卻沒有明確的解釋，這便給予後世學者留下了發揮的餘地，同時也導致在如何解釋「格物致知」這個問題上的派別分化〔註19〕。對於「格物致知」，顧炎武說：

　　　　致知者，知止也。知止者何？為人君止於仁，為人臣止於敬，為人
　　　　子止於孝，為人父止於慈，與國人交止於信，是之謂止。知止然后
　　　　謂之知至。君臣父子國人之交，以至於禮儀三百，威儀三千，是之
　　　　謂物。《詩》曰：「天生烝民，有物有則。」《孟子》曰：「舜明於庶
　　　　物，察於人倫。」昔者武王之訪，箕子之陳，曾子、子游之問、孔
　　　　子之答，皆是物也。故曰萬物皆備於我矣。惟君子能體天下之物，
　　　　故《易》曰：「君子以言有物而行有恆。」……以格物為多識于鳥獸
　　　　草木之名則末矣。知者無不知也，當務之為急。〔註20〕

　　　　父子之親，長幼之序，男女之別，非師不明，以教人以禮者師之功
　　　　也。〔註21〕

由上述引文中，可知亭林將格物的範圍集中於治國經世，庶物人倫，亦即透過學習，落實為具體的君為仁、臣為敬、父為慈、人為孝為信等關係之中，

〔註18〕顧炎武：〈考次經文〉，《日知錄》，卷十，頁223。
〔註19〕余敦康：《歷史論叢》第八輯。
〔註20〕顧炎武：〈致知〉，《日知錄》，卷九，頁183。
〔註21〕顧炎武：〈思事親不可以不知人〉，《日知錄》，卷九，頁189。

就是「知止」，「知止然後謂之知至」，即達到格物致知的最終目的。至於窮究鳥獸草木之名，則已淪爲末流，非當務之急。因爲格物致知的終極意義，必須是實踐於現世生活的人倫、政治關係上的。據此，相較於朱子的格物致知論，便可發現其相異之處：

> 所謂格物，便是要就這形而下之器，窮得那形而上之道理而已。
> 〔註22〕
>
> 形而上爲道，形而下爲器，說這形而下之器之中便有那形而上之道。
> 若便將形而下之器作形而上之道則不可。〔註23〕
>
> 〈大學〉之教，必使學者即凡天下之物，莫不因其已知之理而益窮
> 之，以求至乎其極。至於用力之久，而一旦豁然貫通焉，則眾物之
> 表裡精粗無不到，而吾心之全體大用無不明矣。此謂物格，此謂知
> 之至也。〔註24〕

據此可知朱子強調的格物致知是指透過外在客觀事物的學習，去窮得超越心性道德修養的本體認知〔註25〕，因此，智識的追求對朱子而言，只是實現倫理道德本體自覺的一個手段或方法，而亭林則將現實的經世致用視爲致知的終極意義。

　　本體論上的分歧，必將導致了致知論上的差異，至此是顯而易見的。

三、「博學明善」的提出

　　顧炎武由以氣爲本、「非器則道無所寓」的立場下，對於宋明理學中廣受討論的性與天道、格物致知提出了不同的詮釋，進而開展了致知論的新格局：

> 竊以爲聖人之道，下學上達之方，其行在孝弟、忠信，其識在灑掃

〔註22〕《朱子語類》，卷六十二，頁2463。
〔註23〕《朱子語類》，卷六十二，頁2435。
〔註24〕朱熹：《四書集註》，〈大學章句〉（臺南：東海出版社，1988年），頁6。
〔註25〕李澤厚：《中國古代思想史論》，〈宋明理學片論〉：「如果從宋明理學的發展行程和整體結構來看，無論是『格物致知』或是『知行合一』的認識論，無論是『無極』、『太極』、『理』、『氣』等宇宙觀世界觀，實際上都只是服務於建立這個倫理主體（ethical subjectivity），並把它提到『與天地參』的超道德（trans-moral）的本體地位。」又：「所有的格物、致知、窮理，所有對事事物物的理解體會，都只是爲了達到那個倫理本體的大徹大悟。」（臺北：谷風出版社，不著出版年月），頁248、257～258。

> 應對進退，其文在《詩》、《書》、三禮、《周易》、《春秋》，其用之身，
> 在出處、辭受、取與，其施之天下，在政令、教化、刑法，其著之
> 書，皆以爲撥亂反正，移風易俗，以馴致乎治平之用，而無益者不
> 談。……世之君子，苦博學明善之難，而樂夫一超頓悟之易，滔滔
> 者天下皆是也，無人而不論學矣。能弗畔於道者誰乎？〔註26〕

從這段引文中可見亭林對知識探求，是透過儒家經典及廣泛生活行事的學習，由下學而上達的方法而達到經世致用的目的，即所謂的「博學明善」的致知論。

（一）致知的目的──明道淑人、撥亂反正

亭林認爲追求知識的目的在於撥亂反正（見上引）、明道淑人。他說：

> 君子之爲學也，非利己而已也，有明道淑人之心，有撥亂反正之事，
> 知天下之勢何以流極而至於此，則思起而有以救之。……仰惟來旨，
> 有不安於今人之爲學者，故先告之志以立其本。〔註27〕

可見亭林雖然亦承認爲學包含了提高自身道德境界的「利己」，除此之外，他更強調成就全天下人的道德境界；而「明道淑人」、「撥亂反正」便是爲學所應先確立的目標，這是將爲學的標的由獨善其身推至兼善天下的意識。緣此，又言：

> 今日者拯斯人於塗炭，爲萬世開太平，此吾輩之任也。〔註28〕

> 愚以爲今日之務，正人心急於抑洪水也。〔註29〕

這裡所提出的「正人心」、「拯斯人於塗炭」，實際上便是「淑世」、「撥亂反正」的具體表現。

另一方面，若從儒家所強調的「內聖外王」來說，宋明時期雖亦標榜要「爲萬世開太平」，但事實上對於「內聖」的重視程度遠高於「外王」之上，把「知及與之相應的行都當成了提高個人精神境界並最終臻於『天人合一』之境界的手段」〔註30〕；或者是說其精神是「先內聖而後外王」、「以內聖爲

〔註26〕顧炎武：〈答友人論學書〉，《顧亭林詩文集・亭林文集》（臺北：漢京文化事業公司影印標校本，1984年），卷六，頁135。

〔註27〕顧炎武：〈與潘次耕札〉，《顧亭林詩文集・亭林餘集》，，頁166～167。

〔註28〕顧炎武：〈病起與蘄門當事書〉，《顧亭林詩文集・亭林文集》，卷三，頁48。

〔註29〕顧炎武：〈河渠〉，《日知錄》，卷十六，頁367。

〔註30〕周可眞：《顧炎武哲學思想研究》，頁64。

外王的根基和判準」〔註31〕，亭林鑒於這種情況，提出了他的看法：

> 昨歲於薊門得讀《思辨錄》，乃知當吾世而有眞儒如先生者，孟子所
> 謂「窮則獨善其身，達則兼善天下」，具内聖外王之事者也。〔註32〕

> 三代之世，凡民之俊秀皆入大學而教之以治國平天下之事。孔子之
> 於弟子也，四代之禮樂以告顏淵，五至三無以告子夏，而又曰雍也
> 可使南面。然則内而聖、外而王無異道矣。〔註33〕

在此，亭林認爲「獨善其身」與「兼善天下」都是「內聖外王」之事，且無
論是「內聖」或「外王」，二者是一貫的，意即「內聖」的學習是「外王」實
踐的過程，因此才會有「凡民之俊秀皆入大學而教之以治國平天下之事」之
說，而所謂「明道淑人」、「撥亂反正」不單只是「外王」的範疇，同時亦是
「內聖」之事；在此，「外王」才是「內聖」是否成就的判準。

（二）致知的對象——博學於文

亭林提出認知的對象在於「文」，且「文」與「道」是不分的，他曾引用
楊用修的話：

> 楊用修曰：「文，道也；詩，言也」。語錄出而文與道判矣，詩話出
> 而詩與言離矣。〔註34〕

> 君子，博學於文，自身而至於家國天下，制之爲數度，發之爲音容，
> 莫非文也。……觀乎人文以化成天下，故曰文王既沒，文不在茲乎？
> 而謚法經緯天地曰文學。弟子之學《詩》、《書》、六藝之文，有淺深
> 之不同矣。〔註35〕

所謂「博學於文」的「文」（或「道」），是存在於《詩》、《書》、三《禮》、《周
易》、《春秋》（見前文引）與天下典章制度之中的，且「文」又有深淺的不同：
淺層者爲《詩》、《書》六藝之文；深層者是指經緯天下的實踐。由此看來，
便不難理解亭林對於明末那些空談心性的批判：

> 昔之清談談老莊，今之清談談孔孟。未得其精而已遺其粗，未究其
> 本而先辭其末，不習六藝之文，不考百王之典，不綜當代之務，舉

〔註31〕 劉師又銘：《理在氣中》，頁62。
〔註32〕 顧炎武：〈與陸桴亭札〉，《顧亭林詩文集・亭林餘集》，，頁170。
〔註33〕 顧炎武：〈師也者所以學爲君〉，《日知錄》，卷八，頁178。
〔註34〕 顧炎武：〈修辭〉，《日知錄》，卷二十一，頁554。
〔註35〕 顧炎武：〈博學於文〉，《日知錄》，卷九，頁197。

> 夫子論學論政之大端一切不問，而曰一貫，曰無言。以明心見性之
> 空言，代修己治人之實學，股肱惰而萬事荒，爪牙亡而四國亂。
> 〔註36〕

> 王尚書（世貞）發策謂：「今之學者偶有所窺，則欲盡廢先儒之說，
> 而出其上。不學則借一貫之言以文其陋。無行，則逃之性命之鄉，
> 以使人不可詰。」此三言者盡當日之情事矣。〔註37〕

這些抨擊，主要是集中在當時士人束書不觀，誑誕不羈的現象所提出的。亭林認為致知的對象在於先賢先聖的典籍，而能夠落實於現實世界中的人事才是實踐的主要目的。由「非器則道無所寓」的觀點來看，他是把這些六藝之文的經典視為寓於「道」之「器」，為求得具體事物所遵循的規律（即「道」），因此必須由「器」為入手，即由現實的材料出發，從認識的過程中尋繹出「道」之所在，進而方能達到「經緯天地」、「化成天下」，是故，亭林的「博學於文」，實際上便是其道器觀在致知論的具體反映。同時即是其「經世」思想。因此，歷史文獻、經典文本便是研究的目的，沒有「器」外之「道」或「器」外之「理」。相對於宋明理學家先標出一個終極、超越現實的義理，再透過讀書窮理以返回這個終極的義理，將「文」與「道」一分為二，於是典籍知識所起的作用，只是助緣或媒介而已，在其學術體系中的位置，自然與顧炎武的論點不同。以此觀之，無怪乎亭林對於明末學術末流「不習六藝之文」、「不考百王之典」、「不綜當代之務」，只空談正心誠意之學的學風深不以為然，痛批其為亡國的禍端。這樣的抨擊或許緣於亡國之痛而有過分誇大之嫌，然卻也充分顯示出其重視典籍文獻的態度。

（三）致知的方法——引古籌今、觀其會通

「下學而上達」是亭林致知的具體方式。為求「明道」，必須「下學」；而要「淑世」、「撥亂反正」，則必須「上達」。因此，「下學」是「上達」的基礎過程，「上達」則是「下學」發展成果的展現，二者是不可分離的。在前文論及亭林致知論的義理基礎「非器則道無所寓」時，即已曾論及「下學而上達」的觀點及緣由，因此，在本節的論述內容中，將側重討論亭林由「下學而上達」所推衍出來的相關致知方法。

〔註36〕顧炎武：〈夫子之言性與天道〉，《日知錄》，卷九，頁196。
〔註37〕顧炎武：〈朱子晚年定論〉，《日知錄》，卷二十，頁538。

　　首先，在「下學」的工夫上，亭林主張「引古籌今」：

　　　　引古籌今，亦吾儒經世之用。〔註38〕

這裡所說的「引古」，便是指從經典中得到事物的規律，「籌今」則是就當前
國家社會問題作分析，進而得出解決的方法。

　　再者，顧炎武主張「必待學而知之」：

　　　　孟子言所不慮而知者，其良知也。下文明指是愛親敬長，若夫因嚴
　　　　以教敬，因親以教愛，則必待學而知之者矣。〔註39〕

　　　　學問之道無他，求其放心而已矣。然則但求放心可不必於學問乎？
　　　　與孔子之言吾嘗終日不食，終夜不寢，以思，無益，不如學也者，
　　　　何其不同邪？他日又曰，君子以仁存心，以禮存心，是所存者非空
　　　　虛之心也。夫仁與義未有不學問而能明者也。孟子之意蓋曰能求放
　　　　心然後可以學問。〔註40〕

對亭林而言，「愛親敬長」、「仁」、「義」等並不是「不慮而知」的「良知」範
疇，必須透過學習才能「知之」，意即一切知識的求得，乃是爲了行事。亭林
在此改造了孟子的「求放心」之說，將其解釋爲「專心致志」的先決條件，
「以『求放心』爲學問的前提和基礎，只有『專心致志』，然後才談得上學
問，才有可能對事理有所認識和把握。」〔註41〕他之所以會有這番詮釋，必
然與其亟欲扭轉空疏學風有關：若從本體論的脈絡來看，亭林主張以氣爲本
的思想體現在知行觀上，自然是「行先知後」，「行」是「知」的目的和歸
宿；而程朱理學主張理先氣後的思想體現在知行觀上，必定是「知先行後」，
意即爲了「知」才要「行」，「知」才是「行」的最終目的。此二者的差異是
顯而易見的。

　　另一方面，亭林亦提出了爲學的基本態度：

　　　　人之爲學，不日進則日退。獨學無友，則孤陋而難成；久處一方，則
　　　　習染而不自覺。不幸而在窮僻之域，無車馬之資，猶當博學審問，古
　　　　人與稽，以求其是非之所在，庶幾可得十之五六。若既不出戶，又不
　　　　讀書，則是面牆之士，雖子羔、原憲之賢，終無濟於天下。〔註42〕

〔註38〕顧炎武：〈與人書八〉，《顧亭林詩文集・亭林文集》，卷四，頁93。

〔註39〕顧炎武：〈破題用莊子〉，《日知錄》，卷二十，頁533。

〔註40〕顧炎武：〈求其放心〉，《日知錄》，卷十，頁214。

〔註41〕鄭萬耕：《明清之際三大思想家》（北京：新華出版社，1991年），頁61。

〔註42〕顧炎武：〈與人書一〉，《顧亭林詩文集・亭林文集》，卷四，頁90。

在此亭林認爲讀書是「古人與稽」，意即與古人做知識的交流；然而，這種「獨學」是不夠的，至多只能獲得「十之五六」的成效，因此還必須交友、出戶，與現實人事往來、相涉，才能算是眞正的博學。亭林由此種爲學態度出發，強調廣泛的學習：

> 夫學究天人，確乎不拔，吾不如王寅旭；讀書爲己，探賾洞微，吾不如楊雪臣……。〔註43〕

> 子曰：「有朋自遠方來，不亦樂乎？」古之人學焉而有所得，未嘗不求同志之人，而況當滄海橫流，風雨如晦之日乎？……而或一方不可得，則求之數千里之外，今人不可得，則慨想於千載以上之人；苟有一言一行之有合於吾者，從而追慕之，思爲之傳其姓氏而筆之書。嗚呼！其心良苦矣。〔註44〕

據此，可知顧炎武的「博學於文」，絕不僅止於博覽聖賢典籍而已，而是與現實的人事、生活結合，由近及遠，自古至今，都是他追求知識的對象。是故他一生轍環四方，交遊眾多，爲學廣泛涉足經學、史學、方志輿地、音韻文字、金石考古及詩文等領域，取得了宏富的成就，爲其落實其致知論作了最完整的示範，其中《日知錄》更是一部爲後人極力稱譽不朽之作。〔註45〕

其次，在「上達」的工夫上，亭林提倡「觀其會通」：

> 好古敏求，多見而識，夫子之所自道也。然有進乎是者，六爻之義至賾也，而曰知者觀其象辭則思過半矣。三百之詩至汎也，而曰一言以蔽之曰思無邪。……百王之治至殊也，而曰道二，仁與不仁而已矣。此所謂予一以貫之者也。其教門人也，必先叩其兩端，而使之以三隅反。……豈非天下之理殊塗而同歸，大人之學舉本以該末乎？彼章句之士，既不足以觀其會通，而高明之君子又或語德行而遺問學，均失聖人之指矣。〔註46〕

〔註43〕顧炎武：〈廣師〉，《顧亭林詩文集・亭林文集》，卷六，頁134。
〔註44〕顧炎武：〈廣宋遺民序〉，《顧亭林詩文集・亭林文集》，卷二，頁33。
〔註45〕如趙儷生：《日知錄導讀》（四川：巴蜀書社，1996年），附錄〈顧炎武《日知錄》研究〉，頁232～279；葛榮晉、魏長寶：《一代宗儒顧亭林》（臺北：文津出版社，2000年），頁303～307；陳祖武、朱彤窗：《曠世大儒──顧炎武》（石家莊：河北人民出版社，2000年），第十三章〈不朽的學術巨著《日知錄》〉，頁267～275。均對《日知錄》相當推崇。
〔註46〕顧炎武：〈予一以貫之〉，《日知錄》，卷九，頁202。

《孟子》曰：「流水之爲物也，不盈科不行」。《紀》曰：「不陵節而
施之爲孫。」若乃觀其會通，究其條理，而無輕變改其書，則在乎
後之君子。〔註47〕

從以上段引文中，可知亭林對於知識的探求過程，除了一般感性經驗的理解
外，更需透過兩端或舉一反三、舉本該末中更進一步上升到理性的思維，從
而得到所謂「一貫」的原則。因此他反對只重視瑣碎經驗，卻無法「觀其會
通」的章句之學。文中所言「叩其兩端」、「使之以三隅反」，就是觸類旁通，
由事物的某一個體的研究進而會通同類事物或原則，意即能夠靈活的理解及
運用。而亭林的「一貫」論點是建立在「非器則道無所寓」的基礎上的，因
此強調必須藉由多聞多見〔註48〕，而且所憑藉的是第一手的材料，他說：

嘗謂今人纂輯之書，正如今人之鑄錢。古人采銅於山，今人則買舊
錢，名之曰廢銅，以充鑄而已。〔註49〕

這裡所說的「采銅於山」，即是指第一手的經驗或材料，如此的爲學之方，目
的便是求得歸納，達到「一貫」的眞實性。

四、顧炎武之學本於朱子之商榷

由以上所揭示亭林的致知論，可知亭林並非只是單純地以經世致用的思
想來反對王學末流發展至後期的空疏之學而已，事實上他是立足於以氣爲本
的思想上建立了異於宋明以理爲本、以心爲本的致知論，進而抨擊宋明儒者
的知識論。更進一步地說，亭林做爲清初學風開展的代表，對於典籍文獻的
態度與宋明儒者是不同的：前者認爲聖人之道能夠由典籍文獻中尋繹，因此
孜孜矻矻於古籍的訓詁、版本的考訂及輯佚等工作，同時涉獵各種不同領域
之學，學者得以在從事這些研究中安身立命；而後者則認爲聖人之道乃具存
於人心，其所追求的是天地萬物之外永恆宇宙的終極之「道」（或「理」），是
超越本體，至於典籍文獻的作用，只是助緣罷了。據此，或可就過去學者對
亭林之評價提出商榷。

自清代中葉，即有學者認爲亭林之學乃本於朱子，如章學誠（1738～

〔註47〕 顧炎武：〈音學五書後序〉，《顧亭林詩文集·亭林文集》，卷二，頁26～27。
〔註48〕 顧炎武：〈答友人論學書〉，《顧亭林詩文集·亭林文集》，卷六中嘗引揚雄之
言：「『多聞則守之以約，多見則守之以卓。少聞則無約也，少見則無卓也。』
此其語有所自來，不可以其出於子雲而廢之也。」頁135～136。
〔註49〕 顧炎武：〈與人書十〉，《顧亭林詩文集·亭林文集》，卷四，頁93。

1801）：

> 顧氏宗朱而黃氏宗陸，蓋非講學專家各持門戶之見者，故互相推服
> 而不相非詆。學者不可無宗主，而必不可有門戶，故浙東浙西道並
> 行而不悖也。〔註50〕

> 性命之說，易入虛無，朱子求一貫於多學而識，寓約禮於博文，其
> 事繁而密，其功實而難，雖朱子之所求，未敢必謂無失也。然沿其
> 學者，一傳而爲勉齋、九峰，……五傳而爲寧人、百詩，則皆服古
> 通經，學求其是，而非專己守殘、空言性命之流也。〔註51〕

章氏認爲亭林宗朱，甚至進一步指出亭林及閻若璩（1636～1704）都是朱子
的五代傳人。章氏所考察的觀點，只將焦點集中於亭林博學多聞的主張及重
視考據典籍的工夫，沒能向上溯源尋繹出二者博學多聞理論基礎的建立之差
異：朱子由理本論出發，追求的是超越現實的道德自覺。因此，文獻考據在
朱子哲學體系中的地位並非是最重要的，他曾言：「字畫音韻，是經中淺事，
故先儒得其大者，多不留意。」〔註52〕又言：「若論爲學，考證已是末流，況
此又考證之末流，恐自此不須更留意，卻且收拾身心向裡做些工夫。」〔註53〕
相對於亭林則認爲「讀九經自考文始，考文自知音始」〔註54〕，以氣爲本，
由典籍中尋繹出的知識即是聖人之道，講究的是具體經世致用。由於章氏對
此並無深入考究，是故會認爲亭林是繼承了朱子的學術。

另外，全祖望（1705～1755）言曰：

> 故其本朱子之說，參之以慈谿黃東發《日鈔》，所以歸咎於上蔡、橫
> 浦、象山者甚峻。〔註55〕

唐鑑（1778～1861）：

> 先生之爲通儒，人人能言之，而不知先生之所以通，不在外而在內，
> 不在制度典禮，而在學問思辨也。是以乎心察理，事事求實，凡所

〔註50〕 章學誠：〈浙東學術〉，《文史通義》（臺北：史學出版社，1974年），內篇二，
　　　　頁52。
〔註51〕 章學誠：〈朱陸〉，《文史通義》，內篇二，頁55。
〔註52〕 朱熹：《朱子文集》，卷五十〈答楊元范〉。
〔註53〕 朱熹：《朱子文集》，卷五十九〈答吳斗南〉。
〔註54〕 顧炎武：〈答李子德書〉，《顧亭林詩文集・亭林文集》，卷四，頁73。
〔註55〕 全祖望：〈亭林先生神道表〉，《鮚埼亭集》（上）（臺北：華世出版社，1977
　　　　年），卷十二，頁144。

論述，權度惟精，往往折衷於朱子。〔註56〕

以上這兩則引文中，全氏認爲亭林是以朱學的立場來抨擊王學末流；唐鑑則指出亭林實事求是的治學乃折衷於朱子。另外，當代學者牟潤孫、何佑森亦持相近的觀點〔註57〕。透過上文所討論顧炎武哲學思想的根源、爬梳其致知論脈絡的同時，便一再地與朱子之論述相對照，自然不難發現這些評論都忽視了亭林的致知論自有其獨特之處，且立場與朱子並不相同。

然而，亭林確實有許多推崇朱熹的言論，如：

六經所傳，未有繼往開來之哲。惟絕學首明於伊雒，而微言大闡明於考亭，不徒羽翼聖功，亦乃發揮王道，啓百世之先覺，集諸儒之大成。〔註58〕

今之語錄幾于充棟矣。而淫于禪學者實多，然其說蓋出于程門。故取慈谿《黃氏日鈔》所摘謝氏、張氏、陸氏之言，以別其源流，而衷朱子之說。……有能繹朱子之言，以達夫聖人下學之旨，則此一編者，其碩果之猶存也。〔註59〕

由上二則引文中，足見亭林確實是景仰朱子的，甚至二人在重視知識的探求上，亦有許多相通之處。但是，要判定一個學者是否源於某一學者或學派的主要依據，不能只是單純的考察他與此一學術範式有無對立或一致之處，應該是由其本體思想出發，釐析其學術的特徵，如此方能呈顯其眞實的面貌。據此，上述的引文資料，或許「只能證明顧炎武在學術上與朱子有共通之處，利用過他的學術資源。」〔註60〕至於僅就此材料而斷定亭林哲學立場屬於朱子系統，不但證據仍嫌不足，且明顯地忽略了二者在學術思想上的巨大差異。

〔註56〕唐鑑：〈崑山顧先生〉，《清學案小識》（臺北：臺灣商務印書館人人文庫，1969年），卷三，頁47。

〔註57〕牟潤孫：〈顧寧人學術之淵源〉，收於《中國哲學思想論集》（臺北：牧童出版社，1976年），頁63～79；何佑森：〈顧亭林的經學〉，收於《文史哲學報》第十六期（1967年），頁183～205。

〔註58〕顧炎武：〈華陰縣朱子祠堂上梁文〉，《顧亭林詩文集·亭林文集》，卷六，頁121。

〔註59〕顧炎武：〈下學指南序〉，《顧亭林詩文集·亭林文集》，卷六，頁131～132。

〔註60〕趙剛：〈告別理學：顧炎武對朱學的批判〉，收於《清華學報》新第二十五卷第一期（1995年3月），頁4；或如李紀祥《明末清初儒學之發展》：「顧氏之所以不反對朱子，乃係因朱子之學術有足以作爲經學之途轍者在。」（臺北：文津出版社，1992年），頁130。

參、顧炎武致知論與清初學風之開展

一、顧炎武致知論之影響

　　從顧炎武以氣爲本而發展的致知論來看，其思想應是與明中葉羅欽順（1465～1547）、王廷相（1474～1544）是相銜接的，甚至至清代中葉的戴震，實同屬於張岱年所說的「唯氣的潮流」〔註61〕。是故，亭林的致知論是由「非器則道無所寓」的立場下藉由典籍的訓詁、考據中，尋繹出一個能夠落實於現實生活的經世致用之道，這個「博學明善」的致知論，既有別於陸王的頓悟良知，亦不同於程朱藉由博學的手段達到超越現實的道德本體境界。換言之，亭林已樹立了一個異於宋明理學的新致知典範。這個新致知典範，已爲清儒移除了朱子壓在文獻考證上的「義理」重負，空前突出了文獻典籍在儒家的地位，相較於朱子的知識論，可說是極大的轉變。

　　也正因如此，顧炎武能夠傾注一生心血拳拳於《日知錄》的撰寫，目的是「欲明學術，正人心，撥亂世以興太平之事」〔註62〕；數十年如一日，投入音韻研究，爲的是「一道德而同風俗」〔註63〕；從事經史研究，乃因這些儒家經典是「天下後世用以治人之書」〔註64〕。這種經世致用、博大的特色，建立了一套規範清代乾嘉學術發展的雛型，並爲後人推尊爲清學開山宗師。

　　這一學述門徑，對於乾嘉學派的影響是顯而易見的：無論是以《易》爲家學的惠棟（1697～1758），抑或是段玉裁（1735～1815）、王念孫（1744～1832）、王引之（1766～1834），他們治學的方式都繼承了顧炎武「讀九經自考文始，考文自知音始」之精神，至戴震（1724～1777）以考據方式作《孟

〔註61〕張岱年《中國哲學大綱》序論：「自宋至清的哲學思想，可以說有三個主要潮流，第一是唯理的潮流，始於程頤，大成于朱熹。……第二是主觀唯心論的潮流，導源于程顥，成立于陸九淵，大成于王守仁。……第三是唯氣的潮流，始于張載，張子卒后其學不傳，直到明代王廷相和清初王夫之才加以發揚，顏元、戴震的思想也是同一方向的發展。」（北京：中國社會科學出版社，1994年），頁26～27；另外陳祖武《清初學術思辨錄》亦言：「顧炎武與程朱陸王皆異其旨趣，他站在張載一邊，服膺氣本論的主張。」（北京：中國社會科學出版社，1992年），頁61。
〔註62〕顧炎武：〈初刻日知錄自序〉，《顧亭林詩文集・亭林文集》，卷二，頁27。
〔註63〕顧炎武：〈音學五書序〉，《顧亭林詩文集・亭林文集》，卷二，頁25。
〔註64〕顧炎武：〈與人書三〉，《顧亭林詩文集・亭林文集》，卷四，頁91。

子字義疏證》，闡明義理思想，具體呈現了顧炎武致知論對乾嘉學派的影響成果，此一典範正是由以氣爲本的內在理路下所決定的治學範式。

二、前賢詮釋清初學風興起之商榷

在檢視詮釋者對於一個時代學風興起之因的詮釋時，必然會以其詮釋結構的限制下來考察此一時代呈現的學術現象及意義，當這些現象及意義與先前詮釋者的詮釋不一致時，此一詮釋便有被討論甚至進一步修正的空間。因此，或可就過去學者對於清初學風之興起的詮釋做一番檢視。

（一）清學起於「理學反動」之商榷

清代考據學風興盛的起因，梁啓超認爲乃是出於對宋明理學的反動：

> 「清代思潮」果何物耶？簡單言之：則對於宋明理學之一大反動，
> 而以「復古」爲其職志者也。……當此反動期而從事於「黎明運動」
> 者，則崑山顧炎武其第一人也。〔註65〕

梁氏認爲明末理學末流蹈空的流弊，致使儒者走向實證的學術方法，也就是所謂「厭倦主觀的冥想而傾向於客觀的考察」〔註66〕。另外，胡適則將中國的近世哲學分成兩個時期：一爲「理學時期」；一爲「反理學時期」。亭林被歸類爲後者，且爲「開山大師」〔註67〕。無論是梁啓超或是胡適，皆認爲清代學術之興起，乃源於反理學，且推崇亭林爲首位重要代表人物。這個「理學反動」說是將焦點集中於亭林對理學之抨擊，所謂「經學即理學」，欲以經世實用之學來取代空泛的宋明理學。此一立論從學理上來看，確實呈現了清初及亭林之學術方法變趨的部分特點，但卻也同樣忽視了亭林以氣爲本的思想根源及所呈現出致知論的整體特色，絕非只是單薄地僅爲反理學而產生的。

再者，清朝在開國初期數十年間，所極力表彰的正是程朱理學，且清初學術界不乏如李二曲（1627～1705）、孫奇逢（1585～1675）、李光地（1642～1718）、熊賜履（1635～1709）、張烈（1622～1685）、陸隴其（1630～1692）……等理學家，因此，亭林重責理學，除了在學術思想上的立場不同之外，或許亦與民族意識的亡國之痛有關。

〔註65〕 梁啓超：《清代學術概論》，頁6、16～17。
〔註66〕 梁啓超：《中國近三百年學術史》，頁1。
〔註67〕 胡適：〈幾個反理學的思想家〉，收於《胡適文存》三集卷一，頁56。

據上所論，可知梁、胡二人所倡言的「理學反動」說，或許只能呈現清初及亭林學術精神的部分特點，亦或是做為思想表達的方式之一，至於視為清學術產生的真正原因，似乎是不夠完備的。

（二）清學起於「每轉益進」之商榷

錢穆認為清代學術的發展，可溯源於明朝中葉，且其學風的開展是經過轉換而來的：

> 要之有清三百年學術大流，論其精神，仍自沿續宋明理學一派。……
> 抑學術之事，每轉而益進，途窮而必變。〔註68〕

> 不知宋學，則無以平漢宋之是非。且言漢學淵源者，必溯諸晚明遺老。……一世魁儒耆碩，靡不寢饋於宋學。……亭林、梨洲諸人，其留心實錄，熟悉掌故，明是導源東林。〔註69〕

> 故亭林治學，所謂明流變、求證佐，以開後世之塗轍者，明人已導其先路。而亭林所以尊經之論，謂經學即理學，捨經學無理學可言，以求易前人之徽幟者，亦非亭林獨創。〔註70〕

> 竊謂清初學風，乃自性理轉向經史。顧、黃兩家，為其代表，皆經史兼擅，而亭林造詣尤卓……亭林論學，則時若有反理學之嫌，至少若與理學面目不同。然其確尊朱子，則斷無可疑。〔註71〕

根據這幾段引文資料，可看出錢穆的觀點：他認為清初重視經史實證的精神是導源於明末東林學派運動，而清代學術的發展，是轉進變化的；「表面上看，它有時候似乎已經走到窮途末路，事實上，只要略經轉換，便能重新出發，另創新局。」〔註72〕他認為清初學術思想的形成，從外在歷史發展來看，便是由於儒者驟陷亡國之難，為轉移精神創痛，於是將注意力集中在學術上〔註73〕；從學術思想來看，則宋明理學對於清學之作用，便不是如梁

〔註68〕 錢穆：〈清儒學案序目〉，收於《中國學術思想史論叢》（八），頁 480～481。

〔註69〕 錢穆：《中國近三百年學術史》，第一章〈引論〉，頁 1、18。

〔註70〕 錢穆：《中國近三百年學術史》，第四章〈顧亭林〉，頁 156。

〔註71〕 錢穆：〈顧亭林學述〉，收於《中國學術思想史論叢》（八），頁 61。

〔註72〕 丘為君：〈清代思想史「研究典範」的形成、特質與義涵〉，收於《清華學報》新第二十四卷第四期（1994 年 12 月），頁 469。

〔註73〕 錢穆：〈清代考證學〉：「蓋當其時，正值國家顛覆，中原陸沈，斯民塗炭，淪於夷狄，創鉅痛深，莫可控訴，一時魁儒畸士，遺民逸老……乃一注於學問，以寄其守先待後之想。」收於《國學概論》，頁 279。

啓超所言的「反動」，而是資於明末清初學者的修正後，成爲「轉進」的動力。至於顧炎武「明流變、求證佐」的治學特色、尊經的議題，都是前有所承的。

　　錢氏對清初學風形成的觀察重點，是以史實爲中心，重視歷史的連續性，因此，清初重視實證的學風可推源於明末中葉，且「一世魁儒耆碩，靡不寢饋於宋學」。然而依據錢氏說法，在明中葉固然有許多從事考據研究的學者，但若再往前推，於唐、宋、元等朝代又何嘗沒有孜孜考證的學者？事實上論究的主軸「不是考證工作或考證學者起於何時的問題，而是讀書博考何以成爲一代學風而加以崇尚的問題」〔註74〕；至於論及其思想導源於東林，則是較傾向外在顯現的方式而論，對於學術發展中的本體思想的進路說明，似乎是不夠明確的。

（三）清學起於「內在理路」之商榷

　　「內在理路」說是由余英時所提出的，他說：

> 若從思想史的綜合觀點看，清學正是在「尊德性」與「道問學」兩派爭執不決的情況下，儒學發展的必然歸趨，即義理的是非取決於經典。〔註75〕

> 清代經學考證直承宋、明理學的內部爭辨而起，經學家本身不免各有他自己獨特的理學立場。〔註76〕

> 清代學術不走形而上學的途徑，因此表面上與宋明儒學截然異趣，但全面地看，它仍然表現一種獨特的思想型態，推源溯始，它並且是從儒學內部爭論中逐漸演化出來的。如果我們把宋代看成「尊德性」與「道問學」並重的時代，明代是以「尊德性」爲主導的時代，那麼清代則可以說是「道問學」獨霸的時代。〔註77〕

余氏由思想史的角度出發，指出宋明理學義理結構的核心問題：「尊德性」與

〔註74〕劉人鵬：《閻若璩與古文尚書辨僞——一個學術史的個案研究》（臺北：國立臺灣大學中文博士論文，1990年），頁316。

〔註75〕余英時：〈從宋明儒學的發展論清代思想史〉，收於《論戴震與章學誠——清代中期學術思想史》外篇，頁330。

〔註76〕余英時：〈清代思想史的一個新解釋〉，收於《論戴震與章學誠——清代中期學術思想史》外篇，頁366。

〔註77〕余英時：〈清代學術思想史重要觀念通釋〉，收於《中國思想傳統的現代詮釋》，頁410～411。

「道問學」。在宋代，基本上是二者兼備時期；明代則重「尊德性」而抑「道問學」，到了清朝，「道問學」再次抬頭，這就是清代的考據學。近世學者張麗珠就余氏說法提出了若干修正，雖亦認同「內在理路」說，但是以儒者的全幅發展為範疇，認為理學是思辨之學的建構；考據學是實證之學的開發，所以考據學是儒學從主觀內向的理性認識，向客觀實證的經驗認識發展的結果。從落實於學術來說，清初分持朱、陸不同義理立場的兩派，為駁倒對方之理論，於是將義理戰場轉移到考據戰場，由義理之爭開展出經典之爭，意即清代考據學的展開。〔註78〕

　　余英時與張麗珠皆將清代學風之興起視為學術內在理路的必然演進。這樣的考察促使了清代學術發展的研究更具意義，樹立了一個新的研究典範。然而，由於二者均以宋明理學中理本論、心本論的發展為考察重點，忽視了另一重要的學術體系—氣本論內在理路的發展，因此，余、張的考察便仍存在著修正的空間。在此，至少能夠明確的指出：余氏認為亭林學術思想是屬於朱子系統〔註79〕，此論點事實上已忽略了亭林與朱子二人在學術思想本身存在的巨大差異，前已有所論述，因此，若說亭林所開創的清代學風乃是朱子「道問學」一派之延續，恐怕是缺乏依據的；至於張氏所論，則是只觀察到朱、陸之爭的延續，似乎亦是值得商榷的。

肆、結　語

　　由亭林的《日知錄》及其詩文集中，爬梳其義理思想，與同一時期思想家王夫之、黃宗羲相較之下，亭林確實是較粗疏鬆散的，也正因如此，後世論者鮮少有所深究，然而，卻不能因而否認亭林仍有其哲學思想及立場的存在。據此，才能肯定其經世精神及經史考證是有其依據的，絕非只是片面地為排斥宋明理學而已。

　　顧炎武致知論之特色，呈現的是由明中葉羅欽順、王廷相等人以氣為本的哲學系統的延續，不但大異於陸王，同時也有別於程朱；而由此所展開的清代乾嘉學風，自然不能將之視為程朱、陸王義理之學爭論的延續，或許還

〔註78〕張麗珠：《清代義理學新貌》（臺北：里仁書局，1999 年），頁 64～98。
〔註79〕余英時：〈清代思想史的一個新解釋〉：「至於亭林，儘管後人把他當作漢學的開山大師，又有人說他是清初反理學的先鋒，事實上他在學術思想方面是屬於朱子系統。」收於《中國思想傳統的現代詮釋》，頁 368。

可以更進一步來說：宋明時代的理本、心本思想發展至清代，已由主流轉爲伏流，而羅、王等以氣爲本的思想至顧炎武藉由反明末王學，提出其自身的哲學思想，逐漸由伏流轉爲主流，成爲清代義理思想的重要依據。這個重大的突破，不但使得以考據知識爲特色的乾嘉學術走向鼎盛的氣象，同時也使得清代學術文化呈現多方面的成果。至於本文所論亭林對清代乾嘉學風之開展，僅限於致知論，對於全幅的開展而言，實際上只是揭示一隅而已，若欲全面探究，則必須觀照亭林的宇宙論、心性論等哲學思想，且對乾嘉學派作更深入的分析，方能有較完整的論述，此則有待日後更進一步之研究。